W. Pepels (Hrsg.) Cornelsen Studien-Manual Wirtschaft

Ulrich Paetzel

Wissenschaftliches Arbeiten

*Überblick über
Arbeitstechnik und
Studienmethodik*

Cornelsen

Die Deutsche Bibliothek – CIP-Einheitsaufnahme

Ein Titeldatensatz für diese Publikation ist
bei Der Deutschen Bibliothek erhältlich

Verlagsredaktion: Erich Schmidt-Dransfeld, Jennifer Graßmann
Technische Umsetzung: Holger Stoldt, Düsseldorf
Umschlaggestaltung: Bauer + Möhring grafikdesign, Berlin

 http://www.cornelsen.de

1. Auflage €   Druck 4 3 2 1   Jahr 04 03 02 01

Druck: Lengericher Handelsdruckerei, Lengerich/Westfalen

ISBN 3-464-49803-4

Bestellnummer 498034

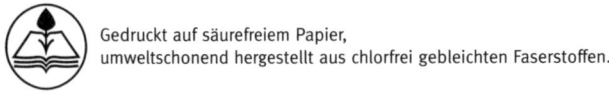 Gedruckt auf säurefreiem Papier,
umweltschonend hergestellt aus chlorfrei gebleichten Faserstoffen.

Geleitwort

Wer als frisch gebackener Akademiker ins Berufsleben einsteigt, stellt schnell fest: Die Inhalte des Studiums haben mit den Anforderungen des Arbeitslebens häufig wenig gemein. Hinzu kommt, dass in den meisten Fächern, ob nun Wirtschafts-, Natur- oder Geisteswissenschaften, das Know-how von heute schon morgen nur noch eingeschränkt gültig und übermorgen überholt ist. Kein Student wird ein Berufsleben lang mit dem Wissen auskommen, das er an der Hochschule einmal gepaukt hat.

Anders sieht es mit der grundsätzlichen Fähigkeit zur wissenschaftlich fundierten Arbeit aus: Für ein erfolgreich agierendes Unternehmen ist es ganz entscheidend, das vorhandene Know-how permanent zu aktualisieren und zu erweitern, um auf den nationalen und internationalen Märkten konkurrenzfähig zu bleiben, die richtigen Produkte und Dienstleistungen anzubieten und die Bedürfnisse der Kunden zu erfüllen. Ein wesentlicher Faktor für den Erfolg eines Unternehmens sind daher seine Mitarbeiter. Auf ihre Bereitschaft und ihr Potenzial, neue Entwicklungen zu verfolgen und schnell in der täglichen Arbeit umzusetzen, kommt es an, und zwar quer durch alle Branchen und durch alle Abteilungen eines Unternehmens.

Die Mitarbeiter sollten in der Lage sein, sauber und präzise wissenschaftlich zu arbeiten, inhaltliche Kompetenz aufzubauen und diese auch anzuwenden, nicht zuletzt im Hinblick auf eine erfolgreiche Karriere in der Wirtschaft. Wer die Standards beherrscht, kann sich neue Themengebiete schnell und systematisch erschließen, ganz gleich ob an der Hochschule oder am Arbeitsplatz.

Dieses praxisorientierte Kurzlehrbuch vermittelt – der Chronologie des Arbeitsprozesses folgend – alle notwendigen Techniken und ist bereits abgestimmt auf einen Berufsalltag in einem Unternehmen wie Ernst & Young. Gedacht ist es als praktische Hilfestellung, um Studierenden den Weg durch das Studium und den Einstieg in den Beruf zu erleichtern.

Christine Keiner   Ernst & Young
Head of Recruiting   Deutsche Allgemeine Treuhand AG

Inhaltsverzeichnis

0 Wissenschaftliches Arbeiten – Sinn und Zweck 7

1 Die Rahmenbedingungen 11

1.1 Der Arbeitsort 13
1.1.1 Die Bibliothek 13
1.1.2 Der eigene Schreibtisch 14
1.2 Hilfsmittel: Archivieren und Aufbewahren 17
1.3 Die Arbeitsorganisation 18

2 Die Themenwahl 21

3 Die Materialsammlung 27

3.1 Material suchen 28
3.1.1 Nachschlagewerke 29
3.1.2 Bibliografien 32
3.1.3 Periodika, Fachinstitutionen, Internet 34
3.1.4 Bibliothekskataloge 37
3.2 Material beschaffen 41
3.3 Material auswählen 43

4 Die Materialauswertung 47

4.1 Lesetechniken 48
4.1.1 Diagonales Lesen 48
4.1.2 Intensives Lesen 50
4.2 Arbeitstechniken 56
4.2.1 Richtig exzerpieren 56
4.2.2 Richtig ordnen 57
4.2.3 Richtig mit Lehrveranstaltungen umgehen 59

5	**WISSENSCHAFTLICHES ARBEITEN RICHTIG PLANEN**	67
5.1	**DER KAMPF GEGEN ZEITDIEBE**	68
5.2	**ARBEITSPLAN UND UMSETZUNG**	76
5.2.1	Das Protokoll	80
5.2.2	Das Thesenpapier	82
5.2.3	Hausarbeit	84
5.2.4	Klausur	86
5.2.5	Diplomarbeit/Abschluss	87
6	**DIE AUFBEREITUNG DER ARBEITSERGEBNISSE**	91
6.1	**METHODE DES KREATIVEN SCHREIBENS**	92
6.2	**DER AUFBAU DES TEXTES**	93
6.2.1	Formale Gliederung	94
6.2.2	Grundlegende Teile des Textes	97
6.3	**RICHTIG ZITIEREN**	103
6.3.1	Zum Umgang mit Zitaten	104
6.3.2	Die Zitiertechnik	107
6.4	**DAS LITERATURVERZEICHNIS**	113
6.5	**TEXTANHÄNGE**	115
6.5.1	Exkurse	115
6.5.2	Anhänge	116
6.5.3	Glossar	116
6.6	**SCHRIFTBILD, TEXTGESTALTUNG, ABBILDUNGEN**	117
7	**SERVICETEIL**	121
7.1	**THEMA SELBSTMOTIVATION**	122
7.2	**ONLINE-KATALOGE VON BIBLIOTHEKEN**	125
7.3	**LITERATURVERZEICHNIS**	131
7.4	**STICHWORTVERZEICHNIS**	133

0   WISSENSCHAFTLICHES ARBEITEN – SINN UND ZWECK

Zu Beginn eines Buches über wissenschaftliches Arbeiten stellt sich die Frage, warum es überhaupt Sinn macht, nach einem wissenschaftlich-normierten Verfahren zu arbeiten.

Vielen Studentinnen und Studenten erscheint diese Standardisierung zunächst als überflüssig, manchen sogar als pure Qual ohne jeglichen Nutzen. Sinn und Zweck wissenschaftlichen Arbeitens lassen sich am besten erkennen, wenn man nicht aus der Sicht des Schreibenden, sondern aus der des Lesers an die Frage herangeht.

Studierende empfinden die Standardisierung oft als Qual

Beispiel

Stellen Sie sich einen »typischen« Kommilitonen oder eine Kommilitonin aus dem Fachbereich Wirtschaftswissenschaften vor – er oder sie mag uns durch dieses Buch begleiten, d.h., dieses Eingangsbeispiel wird fortgeschrieben, wo immer sich dies zur Veranschaulichung anbietet. Um einen einfachen Rückbezug zu haben, entscheiden wir uns für einen Studenten und nennen ihn Sebastian.

Nehmen wir an, dass Sebastian eine Hausarbeit zu folgendem Thema schreiben soll:

»Die Geschichte des GATT« (General Agreement on Tarifs and Trades).

Er weiß noch nicht, wo er anfangen soll, aber ein Kommilitone von ihm hat vor geraumer Zeit eine Hausarbeit über die jüngsten europäisch-amerikanischen Auseinandersetzungen im Welthandel, vor allem im Medienbereich, geschrieben. Diese Arbeit hat sich Sebastian erst einmal ausgeliehen und er findet darin interessante Anregungen für sein Thema, die er nutzen könnte – wenn er wüsste, woher der Kollege die Ideen hatte. Dazu findet sich aber nichts in dieser Arbeit, es gibt keine Literaturangaben, keine Texthinweise usw.

Dieses Beispiel zeigt unmittelbar zwei Folgen, die auftreten, wenn nicht wissenschaftlich gearbeitet wird. Wir sehen erstens, wie ärgerlich es nicht nur für Professoren sein kann, mit Werken umgehen zu müssen, die nicht sauber erarbeitet und bearbeitet wurden. Ärgerlich in dem Sinn, dass Ergebnisse nicht optimal oder gar nicht weiterverwendet werden können, dass Doppelarbeit notwendig wird usw. Auf diesen Aspekt gehen wir im Folgenden als Erstes näher ein. Zweitens lässt sich in diesem Fall der wissenschaftliche Diskussionsstand nicht

Zwei Folgen der Nichtbeachtung wissenschaftlichen Arbeitens:
- *Ineffizienz*
- *fehlender Leistungsausweis*

richtig nachvollziehen und es wird nicht erkennbar, welche Beiträge von wem stammen und worin die eigene Leistung der betreffenden Hausarbeit im Einzelnen liegt. Hier mangelt es an wissenschaftlichem Arbeitsethos, der zweite Aspekt, dem wir uns in dieser Einführung kurz zuwenden wollen.

Arbeitspraktische Vorteile wissenschaftlichen Arbeitens

Die Vorteile, beim wissenschaftlichen Arbeiten einige Regeln zu beachten, liegen auf der Hand: Dies führt zu Zeitersparnis und Erfolg im Studium und übrigens auch im Beruf. **Wesentliche Elemente wissenschaftlichen Arbeitens** beziehen sich auf der formellen Seite auf Normierung und Standardisierung, auf der inhaltlichen Seite auf Themenwahl, Planung, Vorbereitung, Umsetzung und Kontrolle.

Abfolge des wissen-schaftlichen Arbeits-prozesses

- Eine **Normierung** des Vorgehens hat den Vorteil, dass alle im wissenschaftlichen Prozess Beteiligten nach den gleichen Spielregeln handeln (müssen). Es herrscht Chancengleichheit; niemand kann und will dem anderen etwas verheimlichen, alle arbeiten mit den gleichen Mitteln und »kochen dementsprechend nur mit Wasser«.

- **Standardisierung**, beispielsweise im Zitierverhalten, erlaubt allen – Studenten, Professoren und Interessierten – den schnellen und einleuchtenden Nachvollzug des Gelesenen; sämtliche Angaben können schnell und problemlos überprüft und (auf zulässige Weise, siehe später) selbst genutzt werden.

- Der Anfang einer jeden Arbeit ist eine Idee, eine Leitfrage, manchmal eine vorgegebene Themenstellung. Entscheidend bei der **Themenwahl** ist die genaue Festlegung der Fragestellung und somit des Ziels, das mit der wissenschaftlichen Arbeit erreicht werden soll. Wissenschaftliches Arbeiten ist kein Selbstzweck, sondern soll mit für den wissenschaftlichen Fortschritt relevanten Antworten verbunden sein.

- Wissenschaftliches Arbeiten ist wesentlich Arbeit mit dem Kopf. Neben der physischen Anstrengung des Schreibens und Lesens besteht sie aus einer Denkanstrengung, der **Planung** vorausgeht. Bevor man loslegt, muss man wissen, wohin die Reise gehen soll. Bevor man sich Gedanken über Einzelheiten machen kann, muss man sein Ziel formuliert und den Weg grob abgesteckt haben, wie man dorthin gelangen will.

- Der Planung muss die **Vorbereitung** folgen. Man muss sich einen Überblick über das vorhandene Material zum Thema machen und schauen, was man für die Umsetzung seiner Idee und seiner Planung wirklich braucht. Das für wissenschaftliches Arbeiten typische Material umfasst Bücher und Zeitschriftenaufsätze sowie je nach Studienfach weitere Quellen. Neben Texten wird man zum Beispiel auf Statistiken und Daten zurückgreifen.

- Anschließend – und wirklich erst anschließend – kommt dann der Schritt der **Umsetzung**, von der Materialauswertung bis zum Schreibprozess.

- Neben der Einhaltung der Abfolge wissenschaftlichen Arbeitens von der Planung über die Vorbereitung bis zur Umsetzung ist es wichtig, einen **Kontrollmechanismus** zu haben. Man muss die in der Planung auftretenden Ziele kontrollieren, die Vorbereitung gewissenhaft auf ihren Erfolg prüfen und die Umsetzung an den Ansprüchen nicht nur des wissenschaftlichen Arbeitens messen, sondern auch an den spezifischen Erfordernissen der Situation (Vorgaben des Professors, Formatvorgaben der Fakultät usw.).

In den nachfolgenden Kapiteln dieses Buches werden diese Elemente wissenschaftlichen Arbeitens in der Abfolge des normalen Arbeitsprozesses einer Seminar-, Haus- oder Abschlussarbeit behandelt: also von der Wahl des Themas über die Planung, Vorbereitung und Umsetzung bis zur Kontrolle. Dem geht eine Betrachtung über die (technischen) Hilfsmittel und die Rahmenbedingungen wissenschaftlichen Arbeitens voraus. Die formale Seite wissenschaftlichen Arbeitens, d.h. Regeln zu Textaufbau, Zitaten, Gliederungen, kurz: alles, was normiert und standardisiert sein soll, wird an entsprechender Stelle im Text mit aufgeführt werden.

Das vorliegende Buch erarbeitet die Elemente wissenschaftlichen Arbeitens chronologisch

Wissenschaftliches Arbeitsethos

Die oben genannten Vorteile wissenschaftlichen Arbeitens liegen auf der Hand. Für Sie als Studierende schlagen sie sich vor allem in Zeitersparnis und Erfolg im Sinne eines zügigen Studiums nieder. Der miteinander vernetzte Wissenschaftsbetrieb kann aber überhaupt nur funktionieren, wenn allseits anerkannte Regeln eingehalten werden. Dies führt darauf, dass hinter dem Konzept des wissenschaftlichen Arbeitens noch mehr steckt, nämlich die Idee einer Gemeinschaft von Menschen, die nur auf die Kraft des besseren Arguments vertrauen.

Menschen, in diesem Fall wissenschaftlich arbeitende, befinden sich in einem diskursiven Argumentationszusammenhang: Sie tauschen ihre Ideen und Ansichten aus und suchen gemeinsam, auch auf unterschiedlichen Wegen, nach Lösungen für ein Problem. Um sicherzustellen, dass alle nach den gleichen Spielregeln handeln, gibt es die Normen des wissenschaftlichen Arbeitens; hierzu zählen nicht nur normiertes und standardisiertes Vorgehen, etwa beim Zitieren, sondern auch der Respekt vor der gedanklichen Leistung des anderen. Geistiges Eigentum erhält einen hohen Stellenwert: Ideen anderer werden nicht einfach übernommen und als eigene gedankliche Leistung ausgegeben; der Respekt wie auch die Toleranz vor der wissenschaftlichen Leistung des anderen gebieten das Kenntlichmachen aller Ideen, die nicht von einem selbst stammen. Dieses Arbeitsethos wird allen im wissenschaftlichen Bereich Tätigen unterstellt, es wird, auch wenn es sich teilweise als kontrafaktisch erweist, als Grundvoraussetzung wissenschaftlicher Betätigung gewertet. Diese ehrliche Selbstverpflichtung auf die Prinzipien des wissenschaftlichen Arbeitens macht den Kern des wissenschaftlichen Arbeitsethos aus.

1   DIE RAHMENBEDINGUNGEN

Äußere Einflüsse haben große Auswirkungen auf die konkrete inhaltliche wissenschaftliche Arbeit: Die **Ergonomie**, also die Wissenschaft
von den Leistungsmöglichkeiten und -grenzen des Menschen sowie
der besten wechselseitigen Anpassung zwischen dem Menschen und
seinen Arbeitsbedingungen, beschäftigt sich intensiv damit. Sie
kommt zu der Erkenntniss, dass alle, auch die kleinsten störenden Einflüsse, abgestellt werden sollen, um einen möglichst optimalen Arbeitsprozess zu gewährleisten.

In diesem Kapitel wird das Wesentliche dazu vorgestellt, wie man
sich seinen Arbeitsort unter diesem Blickwinkel optimal einrichtet und
für brauchbare Hilfs- und Arbeitsmittel sorgt. Für das, was im Beruf
und am Arbeitsplatz von Profis und nach einschlägigen Regelungen
gestaltet wird, sind Sie im Privaten selbst zuständig. Nur deshalb, weil
Ihr Schreibtisch im privaten Umfeld steht, dürfen Sie nicht darauf verzichten, für vernünftige Bedingungen zu sorgen. Sie verbringen dort
lange Zeiten und Sie wollen und müssen effizient arbeiten können.

Als Arbeitsplatz im öffentlichen Raum kommen vor allem Bibliotheken in Frage. Damit dort jeder ungestört und gut arbeiten kann,
sollten Sie sich an die Spielregeln ihrer Benutzung halten, die in diesem Kapitel auch kurz umrissen werden.

1.1	DER ARBEITSORT	13
1.1.1	Die Bibliothek	13
1.1.2	Der eigene Schreibtisch	14
1.2	HILFSMITTEL: ARCHIVIEREN UND AUFBEWAHREN	17
1.3	DIE ARBEITSORGANISATION	18

Beantworten Sie folgende Fragen ehrlich und spontan.
Vergleichen Sie Ihre Antworten mit den Ergebnissen dieses Kapitels.
• An welchen Orten verrichten Sie die für Ihr Studium notwendigen
Arbeiten?
• Haben diese Orte eine besondere Ordnung? Wenn ja, welche?
• Welche Hilfsmittel gebrauchen Sie, um wissenschaftliche Arbeiten
anzufertigen?

Beispiel

»Ich werde meine Hausarbeit an meinem Computer schreiben. Der
steht in meinem Arbeitszimmer, da kann ich am besten arbeiten. Dummerweise
ist es Winter, und ich muss, da das Tageslicht nicht ausreicht,
meine Schreibtischlampe anmachen. Nach zwei Stunden Arbeit fühle
ich mich abgeschlafft und müde.«

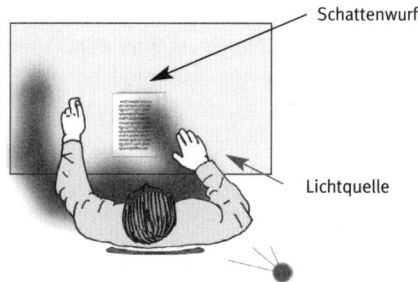

Schattenwurf

Lichtquelle

Abb. 1.1: Mensch, Bildschirm, Lichtquelle

Äußere Einflüsse beim
Arbeitsprozess beachten

Dieses Beispiel zeigt, wie wesentlich selbst kleine Faktoren sein können:
eine, wenn auch vielleicht nur schwach, auf dem Bildschirm sich
abzeichnende Lichtquelle kann zu Augenkneifen, erhöhter Konzentration
und somit zu schnellerem Ermüden führen.

Was ist also an äußeren Einflüssen zu beachten, wenn man sich an
den Arbeitsprozess heranmacht, worauf muss und sollte man achten?

Am Beispiel des Arbeitsortes, der Arbeitsmittel und der Arbeitsorganisation
sollen Hinweise zu einer Optimierung der Rahmenbedingungen
wissenschaftlichen Arbeitens gegeben werden.

Ein entscheidendes Element des Arbeitsprozesses ist der Arbeitsort. Welches sind die wesentlichen Elemente einer sinnvollen und vernünftigen Einrichtung des Arbeitsorts, also in unserem Zusammenhang vor allem der Bibliothek und des eigenen Schreibtisches?

1.1.1 Die Bibliothek

In Bibliotheken verbringen Stundentinnen und Studenten einen wichtigen Teil ihrer Arbeitszeit – beziehungsweise sollten dies tun. Gerade bei der Materialsuche, auf die noch ausführlich eingegangen wird, sind Bibliotheken der erste Anlaufort.

Bibliotheken unterliegen aber auch einem strikten Verhaltenskodex: Lautes Sprechen, wie Unterhaltungen überhaupt, sind verpönt; an einem Ort der konzentrierten Arbeit soll keine Störung erfolgen.

Bibliotheken unterliegen einem strikten Verhaltenskodex

Auch empfiehlt sich in Bibliotheken das Essen und Trinken nur bedingt; verständlich ist es, wenn man vorhat, eine lange Zeit über und mit Büchern zu verbringen, dass man den einen oder anderen Schluck zur Belebung des Geistes, den einen oder anderen Bissen zur Stärkung der Aufnahmefähigkeit zu sich nehmen will. Viele Bibliotheken erlauben dieses verständliche Verhalten nicht; dann bleibt einem nichts anderes übrig, als regelmäßige Pausen einzuschieben, die Bibliothek zu verlassen und außerhalb den Hunger zu besänftigen und den Durst zu stillen. In einigen Bibliotheken ist das Essen und Trinken erlaubt, dann gilt aber die Grundregel: Alles ist erlaubt, was andere nicht stört und was die Bücher nicht beschädigt beziehungsweise ihre Lesbarkeit in keiner Weise beeinträchtigt.

Aber auch der Umgang mit den Büchern und Zeitschriften, die man benutzt, erfordert die im wissenschaftlichen Arbeiten beinhaltete Ehrlichkeit. Bücher können ausgeliehen, auszugsweise kopiert, gelesen werden: dazu sind sie da; sie werden aber nicht versteckt, gar an abenteuerlichen Stellen ins Regal gestellt, aus ihnen werden keine Seiten herausgerissen und in ihnen werden keine Anmerkungen oder Unterstreichungen vorgenommen.

Bücher dürfen nicht absichtlich beschädigt und versteckt werden

Dieser Umgang mit Büchern ist nicht nur gegenüber anderen Studentinnen und Studenten, Professoren und Interessierten gemein und unsolidarisch, er widerspricht auch der schon angesprochenen wissenschaftlichen Ehrlichkeit und dem erwähnten Arbeitsethos, das wissenschaftliches Arbeiten auf Ehrlichkeit und Transparenz begründet.

Häufig sind Bücher, die zum Festbestand der Bibliothek gehören, nicht ausleihbar und müssen dann zwingend vor Ort intensiv gelesen und bearbeitet werden. Dafür muss man natürlich Schreibmaterial mitnehmen, damit wichtige Ideen, die beim Lesen solcher Bücher aufscheinen, nicht wegfallen, sondern festgehalten werden.

Schreibmaterial mit in die Bibliothek nehmen

1.1.2 Der eigene Schreibtisch

Der wichtigste Arbeitsort ist und bleibt der eigene Schreibtisch. Er ist nicht nur für das Lesen von Büchern und Texten ganz allgemein, sondern auch für die Bearbeitung von Ideen und deren Ausformulierung der entscheidende Ort. Weil man so viel Zeit an seinem Schreibtisch verbringt, sollte man diesen auch so einrichten, dass er optimale Arbeitsbedingungen garantiert.

Tipps für ein intensives Arbeiten

Häufig, wie in unserem Beispiel schon dargestellt, können kleine Unbedachtheiten das intensive Arbeiten behindern. Deshalb empfiehlt es sich, auf folgende Punkte zu achten: auf den Platz, den man zum Arbeiten hat, auf die Aufteilung der Arbeitsfläche, auf den Arbeitsstuhl sowie auf das Klima beziehungsweise den Lichteinfall im Arbeitszimmer.

- Oft ist das größte Problem für ein sachgerechtes Arbeiten der mangelnde Platz.

Der Schreibtisch sollte über genügend Arbeitsfläche verfügen

Wichtig ist, dass ein Schreibtisch zur Verfügung steht, der eine ausreichend große Arbeitsfläche bietet. Anhand des folgenden Bildes, auf dem die gestrichelte Linie die Fläche eingrenzt, die uneingeschränkt zur Arbeit zur Verfügung stehen sollte, wird dies deutlich:

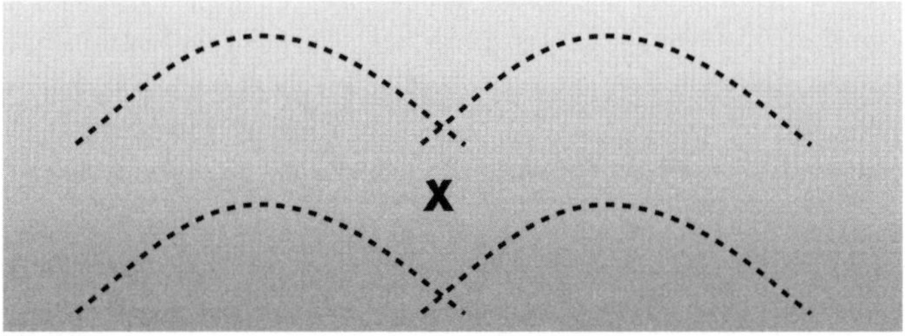

Abb. 1.2: Die mit X gekennzeichnete Fläche stellt die Arbeitsfläche dar, wie sie sich nach Ausbreiten der Arme in zurückgelehntem und vorgebeugtem Zustand ergibt (angelehnt an Zielke 1991, S. 17).

- Wie kann ich die Dinge auf meinem Schreibtisch so anordnen, dass sie effektiv den Arbeitsprozess unterstützen?

Anordnung der Arbeitsmittel auf dem Schreibtisch

Abb. 1.3 gibt ein Beispiel für einen Rechtshänder; entsprechend seitenverkehrt ist die Abbildung für Linkshänder zu denken:
Die untere Partie des Schreibtisches bleibt leer, da sie dem Arbeitenden als Armstütze dient, sodass er auf der Fläche 5, die mindestens so groß wie in Abbildung 1.4 sein sollte, eine freie Schreib- und Arbeitsfläche vorfindet. Direkt daneben (Fläche 6) befinden sich alle Schreibmaterialien, also Stifte, Lineale, Patronen, Radiergummi etc.,

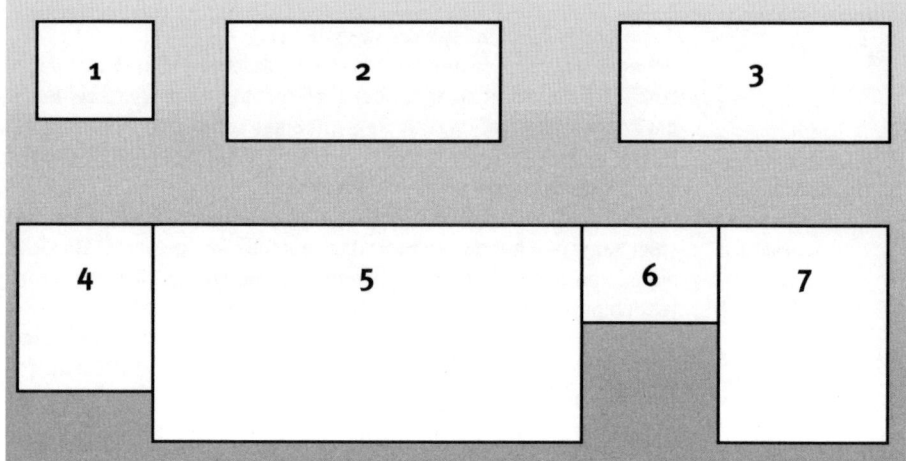

Abb. 1.3: Die Einzelflächen des Schreibtisches (in Anlehnung an: Zielke, W.: a. a. O., S. 18.)

dem direkten Zugriff ausgesetzt. Der Arbeitsprozess beginnt in Feld 4, wo die zu bearbeitenden, unerledigten Texte, Papiere oder Ähnliches liegen, die nach der Bearbeitung auf den Stapel der erledigten Dinge (Fläche 2) gelegt werden können. Die zur Arbeit benötigten Hilfsmittel, also beispielsweise Zeitschriften, Tabellen oder Ähnliches, befinden sich auf der Fläche 7 und die zur Arbeit häufig gebrauchten wichtigen Bücher und Nachschlagewerke können ihren Ort in Fläche 3 finden. Fläche 1 stellt im Übrigen das Telefon dar.

 Eine solche Aufteilung der Arbeitsfläche kann, je nach persönlichen Vorlieben, variiert werden; wichtig ist jedoch, dass eine klare Ordnung und Aufteilung des Schreibtisches die Arbeit nicht nur strukturiert, sondern auch erleichtert.

- Zum eigenen Schreibtisch gehört selbstverständlich auch der Schreibtischstuhl.

Für die eigene Gesundheit, vor allem für die des Rückens, empfiehlt sich kein einfacher Stuhl, sondern ein Sitzmöbel, das standfest, stabil und doch beweglich ist, das aber ein Kippen und Kippeln verhindert, das in der Sitzhöhe regulierbar und ungefähr auf Unterschenkelhöhe eingestellt ist und dessen Rückenlehne auf eine Höhe oberhalb des Kreuzbeines eingestellt ist. Der Stuhl sollte nicht zu weich, aber auch nicht zu hart sein, beides wäre gleichermaßen unvorteilhaft.

- Die ideale Raumtemperatur zum Arbeiten kann je nach physiognomischen Charakteristika schwanken.

Generell lässt sich festhalten, dass sie zwischen 15° und 20° liegen sollte; sie darf nicht zu kalt, aber auch nicht zu warm sein, beides ist der Konzentration abträglich. Regelmäßiges Lüften des Arbeitsraumes fördert zudem die Durchblutung und den Stoffwechsel und verbessert damit insgesamt das Klima im Arbeitsraum.

Aber auch auf den Lichteinfall sollte geachtet werden. Unser Beispiel hat schon auf diesen Störfaktor aufmerksam gemacht. Ein Lichteinfall von der Seite ist ideal: weder blendet so das Licht den Arbeitenden noch wirft das Licht Schatten auf die Arbeitsfläche.

Alle diese Punkte können nun in einem Schaubild zusammengefasst werden, das auch auf das Thema Computer und den nachfolgenden Abschnitt 1.2, die Arbeitshilfsmittel, hinweist.

Seit der elektronischen Revolution ist es besonders wichtig, bei der Einrichtung des Schreibtisches auf die Position des Computers zu achten. Dieser sollte die beschriebene Arbeitsfläche nicht einschränken und, wenn möglich, gleichwohl in unmittelbarer Nähe zu dieser sein (vgl. Abb. 1.3).

In diesem Zusammenhang sollte auf folgende Punkte besonders geachtet werden:

- Der Abstand des Bildschirms vom Betrachter sollte mindestens 50 cm betragen, um Augenschäden zu vermeiden; der Bildschirm sollte des Weiteren mit einer (marktüblichen) Niedrigstrahlung ausgestattet sein. Trotz dieser Vorsichtsmaßnahmen empfiehlt es sich, die Arbeit am Computer – aus gesundheitlichen Gründen – zu dosieren und immer wieder Bildschirmpausen durchzuführen.
- Die Tastatur sollte so positioniert sein, dass – nach erfolgter ergonomischer Einrichtung des Schreibtischstuhls – die Unterarme in bequemer Höhe aufliegen.
- Sämtliche elektronischen Geräte bedürfen, dies sei an dieser Stelle ausdrücklich erwähnt, einer stabilen und sicheren Unterlage, um ein einwandfreies Funktionieren zu gewährleisten. Wacklige Tische und unsichere Konstruktionen dienen diesem Ziel nicht.

Zu der technischen Ausstattung der Computer sei an dieser Stelle nur eine kurze Anmerkung gemacht: Für studentische Bedürfnisse reichen in der Regel gängige Standardprogramme aus; spezielle Bedürfnisse, wie sie insbesondere im Wirtschaftsstudium und hier je nach Schwerpunktwahl gegeben sind (Formeln, Tabellen, Grafiken etc.), lassen sich in vielen Fällen damit auch bewältigen; teure und aufwändige Spezialprogramme (z.B. für Statistik) sollten nur in dringenden und sorgsam begründeten Situationen angeschafft werden.

Seitenmarginalien:

Raumtemperatur und Lichteinfall nehmen Einfluss auf die Konzentration

Position des Computers

Für die studentischen Bedürfnisse reichen gängige Schreibprogramme

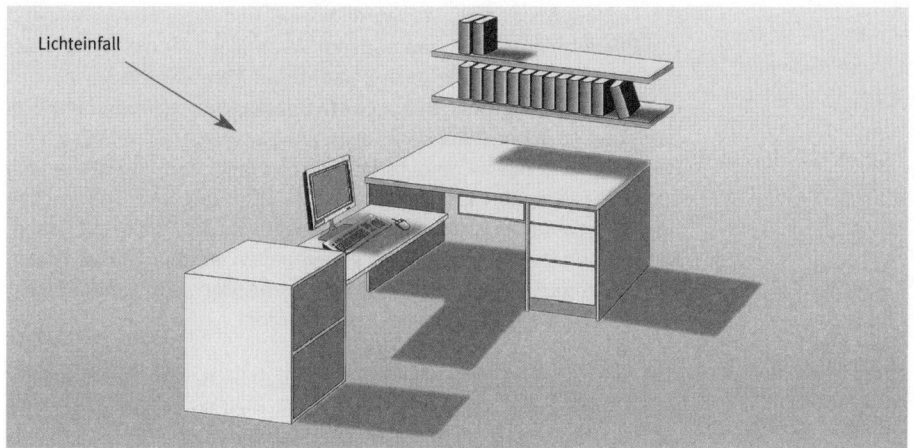

Abb. 1.4: Der eigene Schreibtisch mit idealem Lichteinfall

Zu den Rahmenbedingungen des wissenschaftlichen Arbeitens zählen neben dem Arbeitsort die Arbeitsmittel. Zu ihnen gehören vor allem die Techniken des Archivierens und strukturierten Aufbewahrens. Sie ersparen viel Zeit und Mühe.

Beispiel

Sebastian: »Ich suche in meinen Unterlagen nach einem bestimmten Aufsatz über die Uruguay-Runde der GATT-Verhandlungen. Ich weiß genau, dass ich diesen Aufsatz irgendwann mal gelesen habe; wo ist er nur? Hm, da wird wohl eine intensive Suche stattfinden müssen...«

Dieses Beispiel ist sicher typisch. Einmal Durchgearbeitetes wird achtlos auf den großen Stapel des Abgehakten geworfen, ohne sich Gedanken darüber zu machen, ob die einmal gebrauchten Unterlagen eventuell später noch von Nutzen sein können. Deshalb empfiehlt sich ein System des geordneten Archivierens und Aufbewahrens.

Die Abbildung 1.3 verweist bereits auf den platzsparenden Nutzen der Hängeregistratur (Schublade 1). Diese kann zum einen viel Papier aufnehmen und sie garantiert zum anderen einen schnellen und übersichtlichen Zugang zu abgelegten Informationen. Empfehlenswert sind ebenfalls Aktenordner; sie können besonders für den Fall, viel Papier zu einem Thema in einer bestimmten Reihenfolge ablegen zu wollen, von Nutzen sein.

Unterlagen geordnet archivieren und aufbewahren

Für Lerninformationen, Literaturhinweise und Zusammenfassungen von Büchern, Aufsätzen und anderen Materialien ist das System der Karteikarten geeignet. Je nach persönlicher Arbeitsweise lassen sich diese zu ordnenden Fakten aber auch mit geeigneten Programmen im Computer speichern. Wer darüber mehr wissen möchte, sollte sich mit der entsprechenden Computerfachliteratur befassen und am besten auch mit Bekannten sprechen, die schon Erfahrungen mit den vielfältigen angebotenen Kleincomputern, Organizern etc. gemacht haben. Nur ein sehr wichtiger Hinweis soll gegeben werden: Daten dürfen niemals einfach nur auf der Festplatte vorhanden sein, sondern müssen (regelmäßig!) geeignet gesichert werden.

Wichtig: Transparenz und Einheitlichkeit

Für das wissenschaftliche Arbeiten ist es ohne Belang, welches konkrete System des Archivierens und Aufbewahrens man gebraucht. Wichtig sind in jedem Fall die Transparenz wie die Einheitlichkeit.

- **Transparenz** meint gleichermaßen das Anlegen von Inhaltsverzeichnissen in Aktenordnern, das gut lesbare Beschriften der Reiter der Hängeregistratur oder die übersichtliche und aussagefähige Gliederung von Computerdaten durch Haupt- und Subordner mit prägnanten Namen. In jedem Fall geht es darum, dass man gleich auf den ersten Blick erkennen kann, auf welche Texte, welche Mitschriften, welche Abbildungen man trifft. Transparenz meint weiter, dass ein schneller Zugriff auf die Unterlagen zu einem Thema möglich ist.
- **Einheitlichkeit** meint, dass man ein einmal angefangenes Beschriftungs- und Inhaltsübersichtssystem durchgängig auf alle vorhandenen Archivierungs- und Aufbewahrungsgegenstände ausdehnt.

1.3 DIE ARBEITSORGANISATION

Sind diese Rahmenbedingungen erfüllt, dann steht dem wissenschaftlichen Arbeiten nicht mehr viel im Weg. Wie überall sollte man sich aber auch hier systematische Gedanken zur Organisation der Arbeit machen: Man sollte seine Arbeitsphasen so einteilen, dass man seine Leistungshochs nutzt.

Beispiel

Sebastian: »Ich habe mir vorgenommen, meine Hausarbeit so schnell wie möglich zu schreiben. Ich arbeite ununterbrochen an der Arbeit – das ist echt hart. Aber auch in Phasen, in denen ich mich nicht mehr konzentrieren kann, arbeite ich weiter; nur so schaffe ich es, zum Ziel zu kommen. Ich will es einfach schnell schaffen.«

Von dieser Arbeitsweise, nämlich zu versuchen, alles schnell hinter sich zu bringen, ist dringend abzuraten. Wer glaubt, mit großem Energieeinsatz alles bewältigen zu können, hat nicht daran gedacht, dass die Qualität der eigenen Arbeit zu bestimmten Zeiten sehr unterschiedlich ausfällt. Diese erkennbaren Variationen hängen mit den Leistungsschwankungen des arbeitenden Menschen zusammen.

Leistungsschwankungen berücksichtigen

Viele Menschen haben ihre Leistungshochs vormittags (z.B. von 9 bis 12 Uhr)und ab nachmittags (z.B. von 16 bis 20 Uhr). Dies variiert individuell. Es kommt darauf an, für sich herauszufinden, wann man seine Leistungshochs hat, um nicht gegen tote Punkte ankämpfen zu müssen. Das heißt, dass man sich in der Zeit eines Leistungslochs entweder erholt (ausruhen, spazieren gehen, Ruheschlaf machen etc.) oder dass man leichte oder andere Tätigkeiten in diese Phasen legt. Seien es nun leichte Arbeiten (Sortieren, Beschriften, Ordnen etc.) oder ganz anderes wie Dinge aus dem Haushalt (Aufräumen, Kochen...).

Effektiver arbeiten

Das Arbeiten in Leistungshochphasen erhöht die Arbeitsqualität und gestaltet das Arbeiten schlechthin effektiver. Pausen, Entspannungsübungen, Nahrungsaufnahme und vernünftiger Lebenswandel unterstützen den Arbeitsprozess:

Pausen, Entspannungsübungen, Nahrungsaufnahme und ein vernünftiger Lebenswandel unterstützen den Arbeitsprozess

- Regelmäßige Pausen, mindestens alle 30 bis 50 Minuten in einer Länge von 5 bis 10 Minuten und alle 2 bis 3 Stunden von 20 bis 30 Minuten, verbunden mit Entspannungsübungen, dienen der Konzentrationserhöhung.
- In den Pausen sollte man umhergehen, frische Luft schnappen und auch den Arbeitsraum lüften. Zu den Entspannungsübungen zählen auch gymnastische Übungen, die man auf dem Schreibtischstuhl ausführen kann. Um dies richtig zu betreiben und nicht den verspannten Nacken durch die falsche Übung weiter zu verspannen, sollte man sich darüber geeignet informieren bzw. beraten lassen.
- Regelmäßiges Trinken (Wasser, Säfte) und das Essen von Obst während der Arbeit bzw. in den Pausen stärken die Aufnahmefähigkeit ebenso. Gerade die regelmäßige Nahrungsaufnahme sollte nicht unterschätzt werden.
- Am besten arbeitet und denkt derjenige, der einen konstanten und verstetigten Arbeits- und Lebensablauf führt, der also auch in Lern- und Klausurphasen die für den Erinnerungsprozess wichtige Phase des Schlafs nutzt.

Für die weiter gehende Beschäftigung der eigenen Arbeitsorganisation verweisen wir auf den Band »Katrin Hansen: Selbst- und Zeitmanagement im Wirtschaftsstudium« in der gleichen Buchreihe.

Arbeitsort: Der Arbeitsort muss nach dem Kriterium der Effektivität geordnet sein.

Hilfsmittel: Transparenz und Ordnung durch Registraturablagen, Aktenordner, Karteikartensystem bzw. entsprechende Computerprogramme erleichtern die Arbeit enorm.

Organisation: Die Arbeit sollte so organisiert sein, dass man es schafft, die eigenen individuellen Leistungshochs zu nutzen. Diese sollten dann noch durch
- regelmäßige Pausen,
- Entspannungsübungen,
- vernünftige Nahrungsaufnahme und
- einen ausgeglichenen Lebenswandel
verstärkt werden.

Notieren Sie in einer Lernphase eine Woche lang
- Ihre Arbeitsphasen,
- die Zeiten Ihrer Nahrungsaufnahme und
- Ihre Pausenzeiten.

Notieren Sie gleichzeitig,
- zu welchen Zeiten Sie am besten gearbeitet haben,
- wie Sie nach Nahrungsaufnahme arbeiten und
- wie Sie nach Pausen arbeiten.

Vergleichen Sie diese »normale Arbeitswoche« dann mit einer Arbeitswoche, wo Sie bewusst Ihre Arbeitsphasen in die ermittelten Leistungshochs packen.

So können Sie individuell herausfinden, wann für Sie die besten Arbeitszeiten sind.

Anregung zur Durchführung: Bringen Sie Ihre Notizen in die Form einer Tabelle ähnlich der im Folgenden angedeuteten:

Zeit	Arbeit	Nahrung	Pausen
07.00 Uhr 08.00 Uhr 09.00 Uhr			

2   DIE THEMENWAHL

Wissenschaftliches Arbeiten, so haben wir in Kapitel 1 gesehen, wird von vielen Faktoren beeinflusst. Kann man die Rahmenbedingungen für sich günstig gestalten, so liegt es jetzt stark am eigenen Vermögen, effizient wissenschaftlich zu arbeiten und erfolgreich zu sein bzw. zu werden.

Erster und wichtigster Schritt wissenschaftlichen Arbeitens ist die Auswahl eines Themas – für ein Referat, eine Hausarbeit oder auch für eine Abschlussarbeit.

Das Thema selbst kann für den späteren Beruf bedeutsam sein, was zum Beispiel bei einer in Verbindung mit einem Unternehmen erstellten Abschlussarbeit oft der Fall ist. Vielfach ist das Thema selbst aber nur zweitrangig und wissenschaftliches Arbeiten bedeutet nicht nur die Beschäftigung mit einem speziellen Thema eines Fachgebiets, sondern wichtig ist die Arbeit selbst. Es gilt,

- ein spezifisches, deutlich definiertes Thema zu finden,
- Material zu diesem Thema zusammenzutragen,
- dieses Material in eine sinnvolle Ordnung zu bringen,
- das Thema mittels des zusammengetragenen Materials zu analysieren,
- alle relevanten Überlegungen, eigene wie fremde, die aus dem Material stammen, in einen gedanklichen Zusammenhang zu bringen und
- schließlich ein Ergebnis vorzulegen, das derjenige, der es liest, versteht. Der Lesende muss das Ergebnis auch und vor allem im Hinblick auf das, was man selbst aussagen wollte, verstehen und, falls er selbst sich mit diesem Thema beschäftigen möchte, hilfreich auf dieses Material zurückgreifen können.

 Wissenschaftliches Arbeiten insgesamt bedeutet also, Gedanken und Angaben zu ordnen: » … es ist das Erfahren der methodischen Arbeit.« (Eco, U.: Wie man eine wissenschaftliche Abschlussarbeit schreibt, 7., unveränd. Auflage der deutschen Ausgabe, übersetzt von W. Schick, Heidelberg 1998, S. 12)

Sebastian: »Ich habe nun meine Hausarbeit zum Thema GATT zu schreiben. Ich habe, ohne groß zu überlegen, als genaues Thema ›Die Geschichte des GATT‹ gewählt.«

AUFGABE   **ZUSAMMENFASSUNG**

a) Überlegen Sie genau, ob – und aus welchen Gründen im Einzelnen – Sie das Thema in einer vergleichbaren Studiensituation ebenso gefasst hätten?
b) Überlegen Sie sich anschließend Kriterien, anhand derer Sie ein Thema für eine wissenschaftliche Arbeit wählen beziehungsweise aussuchen; notieren Sie diese Kriterien.
c) Nehmen Sie Ihre Notizen wieder zur Hand, wenn Sie diesen Abschnitt zu Ende gelesen haben, und vergleichen Sie, welche neuen Gesichtspunkte Sie gewonnen haben. Und beherzigen Sie die Erkenntnisse, wenn Sie das nächste Mal ein Thema wählen müssen!

Kriterien für die Themenwahl

Die Wahl eines Themas hängt in der Praxis meist mit dem Angebot und den Vorgaben des Hochschullehrers eng zusammen. Häufig bekommen Studierende ein Thema »vorgesetzt«, das sie sich nicht selber haben aussuchen können. Selbst in diesem Fall trifft eine Reihe der nachfolgenden Hinweise zu.

Kann ein Thema selbst ausgesucht werden, so sollte es zum einen auf eigenem Interesse beruhen und zum anderen klar definiert sein. Das muss vom Hochschullehrer genauso gesehen werden, und was das bedeutet, lässt sich in der Praxis schnell erkennen: Das Thema muss vom Hochschullehrer akzeptiert werden.

Doch auch dann sollte man vorsichtig sein und ein Thema nicht nur deshalb aufgreifen, weil es akzeptiert wurde: Nur in einer sorgsamen und persönlichen Abschätzung, unter Einbezug einer Vielzahl von Faktoren, sollte eine Entscheidung hinsichtlich der Themenwahl getroffen werden; dazu gehört an vorderster Stelle die folgende **Leitfrage:**

Der Zeitfaktor sollte bei der Themenwahl im Vordergrund stehen

• Ist die klar definierte Aufgabenstellung zeitlich von mir umsetzbar? Das eigene Interesse kollidiert nämlich erfahrungsgemäß häufig mit den im Studium gegebenen Fakten: Oft muss eine wissenschaftliche Arbeit in den Semesterferien angefertigt werden – und in dieser Zeit müssen viele Studierende arbeiten, Geld zum Lebensunterhalt verdienen. Folglich bleibt für die wissenschaftliche Hausarbeit nicht viel Zeit. Bei allem guten Willen wird man dann versuchen müssen, sich nicht ein Thema auszusuchen, von dem absehbar ist, dass für seine Bearbeitung viel Zeit nötig ist. Der Zeitfaktor sollte bei der Themenwahl im Vordergrund stehen. Allerdings darf der Zeitfaktor unter keinen Umständen als Ausrede für eine schlechte Hausarbeit dienen; selbst mit wenig Zeit ist es möglich, eine passable Arbeit zu erstellen. Die genaue Durchführung samt Planung einer Arbeit wird in Kapitel 5 ausführlich beschrieben. Wie viel Zeit man für ein bestimmtes Thema braucht, lässt sich schon an den folgenden Fragen ablesen.

- Auf welcher Ebene bewegt sich diese Aufgabenstellung? Stellt sie eine Überblicksarbeit oder eine spezielle Fragestellung dar?

Aufgabenstellung prüfen: Was wird von Ihnen erwartet?

Die klar umrissene Fragestellung lässt sowohl eine Überblicksarbeit (»Die Geschichte des GATT«) als auch eine speziellere Fragestellung (»Die aktuellen Probleme der GATT-Verhandlungen am Beispiel der Auseinandersetzung um die exception culturelle«) als möglich erscheinen. Erstere setzt eine intensive Kenntnis der Geschichte der GATT-Verhandlungen voraus und bedeutet die Lektüre einer Vielzahl von Werken zum Thema sowie die Aneignung der verschiedenen Standpunkte, denen die GATT-Verhandlungen (von der Fortsetzung des Imperialismus bis zur allgemeinen Wohlstandsvermehrung) unterliegen. Nur so lässt sich ein halbwegs fundierter Überblick liefern und mit eigenen Thesen versehen. Demgegenüber spricht für das zweite Thema die überschaubare Literaturlage. Nur wenige Aufsätze sind dazu erschienen, es ist noch relativ unbearbeitet und man kann eigene Hypothesen und Argumentationszusammenhänge einbauen. Das ist zwar auch bei erstgenanntem Thema möglich, erweist sich in der Praxis aber als ungleich mühevoller.

 *Bei der Abschätzung des Arbeitsumfangs eines Themas sollte man also zunächst die definierte Fragestellung daraufhin prüfen, welche **Art der Fragestellung** man überhaupt vor sich hat und wie die Literaturlage einzuschätzen ist.*

Generell kann sich die Fragestellung in einem geistes-, wirtschafts- oder sozialwissenschaftlichen Studium auf

Historisches, theoretisches oder aktuelles Thema?

- ein historisches,
- ein theoretisches oder
- ein aktuelles Thema beziehen. Aktuelle Themen können sehr vielfältig aussehen, es können empirische Arbeiten sein oder solche, die in Verbindung mit einem Unternehmen angefertigt werden.

Diese Kategorien sollen auf ihre Vorteile und auf mögliche Probleme geprüft werden, immer ein klar definiertes Thema vorausgesetzt. Wir untersuchen die Kategorien aus Ihrer Sicht, der der Studierenden, um möglichst deutlich werden zu lassen, auf was man sich mit welchem Schwerpunkt einlässt.

I. Ein **historischer Gesichtspunkt** erfordert eine besondere Herangehensweise. Nicht nur die spezielle Blickrichtung auf das Thema, sondern auch der Umgang damit werden durch diesen Fokus bestimmt.

Vorteile:	Mögliche Probleme:
• Keine reine Theoriearbeit	• Kenntnisse des historischen Umfelds und des weiteren historischen Verlaufs nötig
• Meist gute und umfangreiche Literaturbasis	• Häufig viel Lesearbeit nötig, um den Überblick zu finden
• Geringe Implikationen mit politischen Fragestellungen	
• Abgeschlossenheit der historischen Situation, weitere Entwicklung bekannt	• Deshalb schwieriger, eigene Thesen zu entwickeln

II. Im Gegensatz dazu erfordert ein **theoretischer Fokus** einen besonderen Umgang mit den grundlegenden Fragen zu einem Thema.

Vorteile:	Mögliche Probleme:
• Beschränkung auf einige wenige, damit überschaubare Ansätze	• Die theoretische Ebene und ihr Verständnis und ihre Übertragung auf konkrete Situationen erfordert abstraktes Denken
• Beschäftigung mit grundlegenden Fragen	• Je nach Fachschwerpunkt können auch gute mathematische Kenntnisse gefordert sein

III. Handelt es sich um ein **aktuelles Thema**, wird sich diese Aktualität auf allen Ebenen der Arbeit widerspiegeln müssen.

Vorteile:	Mögliche Probleme:
• Großer Bezug zur Gegenwart, zur Praxis	• Evtl. politische Implikationen, die eindeutige Stellungnahmen erfordern, was ein gefährliches Terrain sein kann
• Unabgeschlossenheit des Themas	
• Thema meistens relativ unbearbeitet	• Geringe Literaturbasis führt zu verstärkten und umfangreicheren Suchbemühungen
• Entwicklung eigener Thesen oder Ergebnisse, bis hin zu Verfahren, gut möglich	

IV. Bei einer **empirischen Arbeit** gilt es die Informationen und Daten erst einmal selbst zu ermitteln und daraus Ergebnisse abzuleiten.

Vorteile:	Mögliche Probleme:
• Interessante Arbeit am „Puls der Entwicklung" • Klares, eindeutiges Erkenntnisinteresse	• Setzt intensive Methodenkenntnisse und Statistik voraus • Ergebnis ist ungewiss • Meist hoher Aufwand • Zeitbedarf ist schwierig abzuschätzen

V. Bei einer **Arbeit in Verbindung mit einem Unternehmen** wird meist eine Fragestellung bearbeitet, deren Lösung direkt für den Betriebsablauf nützlich ist.

Vorteile:	Mögliche Probleme:
• Meist sehr konkrete Fragestellung (gut definiertes Thema) • Hohe Praxisnähe • Bringt in der Regel Pluspunkte bei späteren Bewerbungen	• Thema kann einseitig und nur ein kleiner Ausschnitt sein • Interesse des Unternehmens an der Fragestellung stimmt nicht mit dem eigenen Interesse überein • Aufwand kann hoch sein

Abschließend darf die Frage nach den möglichen **Zusatzanforderungen** eines Themas nicht vergessen werden:

• Bedarf es für die Bearbeitung dieses Themas besonderer Kenntnisse oder Mühen?

Zusatzanforderungen können mit der Art des Themas, aber auch mit seiner inhaltlichen Seite zusammenhängen. Sollte man sich, um beim bisherigen durchlaufenden Beispiel zu bleiben, für die Untersuchung der »exception culturelle« bei den GATT-Verhandlungen interessieren, wird man unweigerlich auf französischsprachige Texte stoßen. Hierzu sind Fremsprachenkenntnisse erforderlich; nur wenn man diese auch vorweisen kann, sollte man sich für ein entsprechendes Thema entscheiden.

Denkbar sind:
• Fremdsprachen
• besonderer Aufwand
• besondere Kenntnisse

Auf andere Probleme kann man stoßen, wenn man die Fragestellung speziell eingrenzt. Für das Thema »Der Standpunkt des BDI zu den GATT-Verhandlungen« wird man nicht nur durch die Kenntnis der Literatur zu Ergebnissen kommen, sondern vielleicht Interviews vor Ort führen wollen – wozu zusätzliche Mühen, samt Reise dorthin, nötig sind. Man muss sich darüber im Klaren sein, dass diese Mühen zwar mit guten Noten belohnt werden können und dass sie einen herausragenden Arbeitseinsatz widerspiegeln, dass sie zuvörderst aber

Kosten und Zeit verursachen, die man vielleicht nicht aufbringen kann beziehungsweise will.

Andere zusätzliche Anforderungen sind bei der Abwägung der Vorteile und Probleme der einzelnen Themenkategorien angeklungen: besondere wirtschaftsmathematische Kenntnisse, empirische Methodenkenntnisse, Statistik, Vertiefung in Fachthemen bei Praxisarbeiten etc.

Nur vor dem Hintergrund dieser Fragen und ihrer Beantwortung, je nach der persönlichen Situation, sollte man über die Wahl eines Themas entscheiden.

AUFGABE ZUSAMMENFASSUNG

Für das Thema gilt: Die Fragestellung selbst muss Ihren Zielvorgaben entsprechen und bei Ihnen ein Mindestmaß an Interesse wecken.

Berücksichtigt werden müssen bei der Wahl des Themas folgende Punkte:
- Zeitfaktor
- Art der Fragestellung: Übersicht oder speziell?
- Historisch oder theoretisch?
- Aktualität?
- Empirisch? Praxisarbeit in Verbindung mit Unternehmen?
- Eigene Kenntnisse/Sonderaufwand

3   DIE MATERIALSAMMLUNG

Keine wissenschaftliche Arbeit beginnt im luftleeren Raum. Jedes Thema steht in einem Kontext, den man sich zu Beginn erarbeiten muss. Es hängt dann von der jeweiligen Arbeit ab, ob und wie weit man diesen Kontext referiert, bevor man dazu übergeht, die eigenen Arbeitsergebnisse vorzustellen. Bei einer Hausarbeit oder einer Seminararbeit im Grundstudium erschöpft sich die Aufgabe möglicherweise sogar darin, den Stand einer Diskussion oder die Summe von Verfahrensweisen zu ermitteln und zusammenzustellen. Eine Dissertation greift unter Umständen eine bisher ungelöste Frage auf, deren Ableitung der Fachwelt so hinlänglich bekannt ist, dass die Vorgeschichte nur noch so knapp und akzentuiert vorgetragen zu werden braucht oder darf, dass die besondere Herangehensweise zur Erarbeitung der mit Spannung erwarteten Lösung motiviert wird.

In keinem Fall kommt man aber darum herum, sich den Überblick zum Thema zu verschaffen und wahrzunehmen, was dazu schon alles gesagt bzw. geschrieben wurde. Es kommt aber nicht nur darauf an, überhaupt Material zu finden und zu sichten, sondern solches, das wissenschaftlichen Standards genügt. Populäre Quellen mögen für den Überblick und das eigene Verständnis am Anfang hilfreich sein, für die Verwendung im Rahmen einer wissenschaftlichen Arbeit gilt es sorgsam abzugrenzen, was brauchbar und »zitierfähig« ist. Diese Problematik hat durch das Internet eine ganz besondere Qualität gewonnen.

3.1	MATERIAL SUCHEN	28
3.1.1	Nachschlagewerke	29
3.1.2	Bibliografien	32
3.1.3	Periodika, Fachinstitutionen, Internet	34
3.1.4	Bibliothekskataloge	37
3.2	MATERIAL BESCHAFFEN	41
3.3	MATERIAL AUSWÄHLEN	43

Bevor man an die Suche des Materials für seine wissenschaftliche Arbeit geht, ist es ratsam, sich das Ziel seiner Suche zu verdeutlichen. Man spart viel Zeit und Mühe und arbeitet gezielter, wenn man genau weiß, zu welchem klar definierten Thema man Material sucht.

 Stellen Sie zu Beginn eine detaillierte Liste dazu zusammen, was sich im Einzelnen hinter Ihrem Thema verbirgt und wonach Sie also suchen wollen.

Dazu gleich auch ein ganz praktischer Tipp: Soweit Ihr Professor, bei dem Sie die betreffende Arbeit schreiben, nicht schon Literatur genannt hat, überprüfen Sie, was er/sie selbst möglicherweise zum Thema geschrieben hat und ziehen die in diesen Publikationen enthaltenen Literaturlisten unbedingt mit heran.

Diese Vorbereitung ist unabhängig davon, wo man dann im ersten Schritt bei der konkreten physischen Suche ansetzt. Dafür ist in der Regel die Hochschul- oder die Fachbereichsbibliothek nach wie vor der erste Anlaufpunkt.

AUFGABE ZUSAMMENFASSUNG

Beantworten Sie ehrlich und stichwortartig folgende Fragen:
- Wissen Sie, welche Bibliotheken Ihnen an Ihrer Hochschule und in deren Umfeld zur Verfügung stehen? (Zentrale Hochschulbibliothek, Fachbereichs- oder Institutsbibliothek, weitere Bibliotheken)
- Wissen Sie, wo in diesen Bibliotheken jeweils der Schlagwortkatalog steht?
- Können Sie damit umgehen?
- Wissen Sie, wie man eine Fernleihbestellung durchführt?
- Wissen Sie, wie man eine Fernleihbestellung vom eigenen Computer, also von zu Hause aus durchführt?
- Haben Sie schon per Computer eine kombinierte Recherche zu einem bestimmten Thema durchgeführt?
- Wie gehen Sie bei der Materialsuche und Materialauswahl generell vor? Notieren Sie stichwortartig Ihren persönlichen Arbeitsablauf!

Material – das bedeutet Bücher, Zeitschriftenaufsätze, weitere Druckschriften unterschiedlicher Quellen (wozu beispielsweise Geschäftsberichte von Unternehmen, Publikationen von Verbänden, Patentschriften und weitere, oft als sog. »graues Material« bezeichnete Druckschriften gehören können), Datenbankinhalte und in heutigen

Zeiten natürlich auch Web-Seiten. Diese Materialien sind oft nicht direkt auffindbar, sondern ihre Existenz muss erst ermittelt werden. Auch wird die eigene Stichwortliste, deren Zusammenstellung oben angeregt wurde, nicht von vornherein alles verzeichnen, wonach man zu seinem Thema suchen sollte. Nach dem, was der eigene Professor genannt (oder selbst geschrieben) hat, bieten Nachschlagewerke und Verzeichnisse im weiteren Sinne den ersten Ansatzpunkt und die Recherche entwickelt sich daraus Schritt für Schritt weiter und differenziert sich aus.

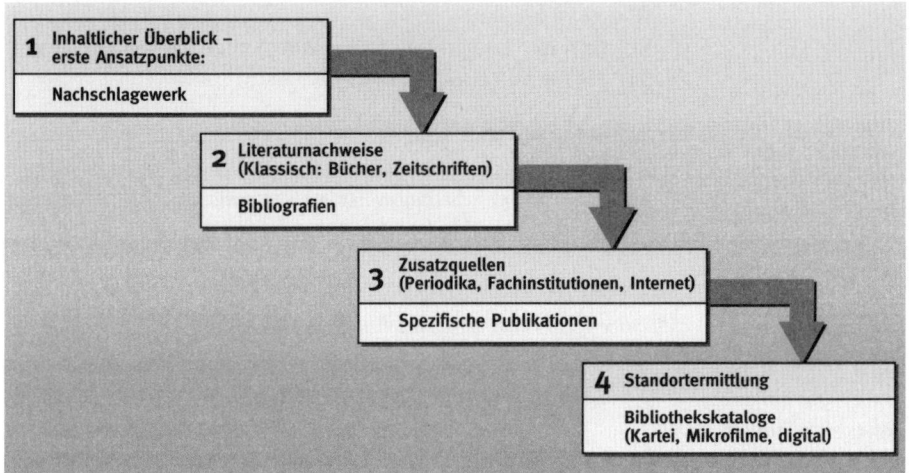

Abb. 3.1: Überblick: Die Wege zur Materialsuche

3.1.1 Nachschlagewerke

Erstes Hilfsmittel zur Materialsuche ist also ein anerkanntes Nachschlagewerk beziehungsweise Lexikon. Dort findet man nicht nur für sein Thema eine zumindest kurze inhaltliche Zusammenfassung, sondern auch einen ersten allgemeinen Überblick, eventuell gar erste Literaturhinweise, die auf die zum Thema vorhandene Standardliteratur hinführen, deren Benutzung sich sehr empfiehlt. In diesen Werken wiederum finden sich dann auch weitere Literaturhinweise, denen man nachgehen sollte, so sie das eigene Thema weiterverfolgen.

Erster Überblick und Auswahl von Literatur

Lexika sind inzwischen zu einem großen Teil bereits auf CD-ROM erhältlich (beziehungsweise im Internet abrufbar) und bieten zahlreiche weitere Funktionen: die kombinierte Recherche, Fotos, Videos, Tondokumente etc.

Man kann grundsätzlich folgende Kategorien von Nachschlagewerken unterscheiden:

- **Allgemein-** (bzw. Universal- oder Konversations-) **lexika** beinhalten alle Fachgebiete und bilden »das« Wissen schlechthin ab, je nach ihrem Umfang mehr oder weniger breit und tief. Im Rahmen einer wissenschaftlichen Arbeit können sie zwei Zwecke erfüllen:
  - Sie dienen einem allerersten Zugriff und
  - bieten Informationen über fremde Sachgebiete, in die man sich weiter hineinvertiefen muss.

  (Dringend abzuraten ist im Studium davon, was Schüler bekanntlich gern tun: nämlich die Artikel verbrämt zu verwenden, anstatt sich eigene Kurzfassungen des Themas zu erarbeiten ...)

- **Wörterbücher** sind ebenfalls allgemeine Nachschlagewerke und dienen dazu, wie ihr Name schon sagt, Wörter nachzuschlagen: sich der richtigen Schreibweise zu vergewissern, die Bedeutung nachzuschlagen, eine fremdsprachige Übersetzung zu finden.

Die unten stehende Übersicht listet, ohne Anspruch auf Vollständigkeit und ohne Empfehlung, gängige Lexika und Wörterbücher.

DIE GRÖSSTEN LEXIKA

Brockhaus Enzyklopädie
Die Hauptausgabe in 24 Bänden ist zwischen 1996 und 1999 in 20. Auflage erschienen (Verlag F. A. Brockhaus, Mannheim).

Die große Bertelsmann Lexikothek
15 Bände (Bertelsmann, Gütersloh).

Meyers Enzyklopädisches Lexikon
Hauptausgabe, in 25 Bänden, mit Atlasband und sechs Ergänzungsbänden sowie Jahrbüchern, erschienen zwischen 1973 und1985 (Bibliografisches Institut, Mannheim). *Aktueller erschienen sind kleinere Ausgaben (z.B. Meyers Neues Lexikon in 10 Bänden, 1993).*

Microsoft ® Enzyklopädie (CD-ROM-Ausgabe mit Internet-Aktualisierungen).

Benutzt wird auch die international renommierte **Encyclopedia Britannica** in 30 Bänden mit einem jährlichen Ergänzungsband (Britannica Book of the Year), Chicago/London 1980.

Fachlich spezialisiert ist das **Staatslexikon – Recht/Wirtschaft/Gesellschaft** in fünf Bänden, hrsg. von der Görres-Gesellschaft, 7. Auflage, Freiburg 1985–1993

Wörterbücher
Vor allem benutzt werden der »DUDEN« in verschiedenen Ausgaben (u.a. der Rechtschreibduden und Das große Fremdwörterbuch), der »Wahrig« und Hermann, U.: »Die neue deutsche Rechtschreibung« (vgl. für detaillierte Bibliografien diese Wörterbücher im Literaturverzeichnis).

- Erste fachthemenbezogene Überblicke bieten **Fachlexika**, die gemeinhin ebenfalls erste interessante Literaturhinweise enthalten. Eine (nicht vollständige) Auswahl ist unten abgedruckt.

- Keine scharfe Trennlinie besteht zu **Handwörterbüchern**, die ebenfalls einen ersten fachlichen Überblick bieten; sie sind jedoch sowohl hinsichtlich der inhaltlichen Ausgestaltung als auch der weiterführenden Literatur spezieller, wenn auch ihre Aktualität – auf Grund ihrer längeren Herstellungszeit – oftmals nicht auf dem allerhöchsten Stand sein kann. Nichtsdestotrotz bieten sie sich für den Einstieg in ein Thema als wesentliche, bereits vertiefende Recherchemöglichkeit an. Nur ein Teil der Werke trägt explizit den Titel »Handwörterbuch«, auch Handbücher, Wörterbücher, Kompendium zu einem Fachgebiet können in diese Rubrik fallen.

AUSWAHL GÄNGIGER FACHLEXIKA ZU DEN WIRTSCHAFTSWISSENSCHAFTEN

Einsprachige deutsche Lexika

Folgende Lexika sind alphabetisch geordnet und erläutern Fachbegriffe:

Busse von Colbe, W. (Hrsg.): Lexikon des Rechnungswesens, 4. Auflage, München/Wien 1998

Corsten, H.: Lexikon der Betriebswirtschaftslehre, München 2000

Dichtl, E., und Issing, O. (Hrsg.): Vahlens großes Wirtschaftslexikon, 2 Bände, 2. Auflage 1994

Gabler Wirtschaftslexikon, 4 Bände, 15. Auflage, Wiesbaden 2000

Geigant, F. et al (Hrsg.): 7. Auflage, Landsberg am Lech 2000

Hohlstein, M.: Lexikon der Volkswirtschaftslehre. Über 2000 Begriffe für Studium und Beruf. München 2000 (Taschenbuch)

Olfert, K.: Lexikon der Betriebswirtschaftslehre, Ludwigshafen 2000

Pepels, W. (Hrsg.): Betriebswirtschaftliches Lexikon für Studium und Fortbildung, Berlin 2002 (zum Zeitpunkt der Drucklegung in Vorbereitung)

Rittershofer, W.: Wirtschaftslexikon. Über 4000 Stichworte für Studium und Praxis, München 2000 (Taschenbuch)

Woll, A. (Hrsg.): Wirtschaftslexikon, 9. Auflage, München 2000

Fremdsprachige Fachwörterbücher

Davon zu unterscheiden sind zweisprachige Fachwörterbücher, die beim Übersetzen vom Deutschen in eine Fremdsprache oder umgekehrt herangezogen werden. Eine Auswahl dazu finden Sie im Literaturverzeichnis.

3.1.2 Bibliografien

Bibliografien sind die Zusammenstellungen von Büchern, Zeitschriften und weiteren Schriften, die zu einem bestimmten Fachgebiet oder zu einem bestimmten Thema erschienen sind beziehungsweise die der Verfasser der Bibliografie nach bestimmten Kriterien der Aufnahme für würdig erkannt hat. Sie können sich auf einen Zeitraum, auf ein Thema, eine Sprache beziehen, unterliegen also immer einem Ordnungskriterium. Sie enthalten, im Gegensatz zu den Bibliothekskatalogen, natürlich keine Standortangaben der Werke. Deshalb ist das Auffinden einer geeigneten Quelle in einer Bibliografie immer nur der erste Schritt – es schließt sich die Aufgabe an, einen Ort zu ermitteln, wo diese Quelle verfügbar ist, und sie sich zu beschaffen, gegebenenfalls durch Fernleihe in einer entfernt liegenden Bibliothek.

Literaturverzeichnisse sind einfache Bibliografien

Bibliografien finden sich in einer einfachen Form meist als Literaturverzeichnisse am Ende von Werken und können so dem thematischen Schwerpunkt entsprechend ausgewertet werden.

Bibliografien in ihrer umfassenden Form, aber als eigenständige Werke, die als Ziel die reine Sammlung und Darstellung von Literatur haben, sind in ihrer Anzahl begrenzt, umfassen aber die gesamte erscheinende Literatur. Darüber hinaus gibt es nationale und internationale Metabibliografien, also Bibliografien über Bibliografien.

Metabibliografien = Verzeichnis von Bibliografien

Bibiografien helfen u.a., Literatur aufzufinden, auf die man ansonsten nur schwer aufmerksam würde. Im Verhältnis zu allem, was zu einem Thema publiziert wurde, können die Literaturverzeichnisse in Büchern oder die Bestände normaler Bibliotheken zwangsläufig nur einen kleinen Anteil repräsentieren. Man wird dort desto weniger fündig, je spezifischer das Material ist, das man für eine wissenschaftliche Arbeit sucht.

Über die erwähnten Allgemein-, Gesamt- und Metabibliografien hinaus sind für die Anfertigung wissenschaftlicher Arbeiten zwei Kategorien von Bibiografien sehr bedeutsam:

Besondere Bibliografien

- **Spezialbibliografien**, die den aus dem universitären Bereich stammenden Teil der Literatur erfassen, der häufig außerhalb des Buchhandels veröffentlicht wird, und
- **Fachbibliografien.**

Abschließend noch eine Anmerkung zu Zeitschriften: Man sucht hier meist nicht nach einem Zeitschriftentitel, sondern nach einzelnen darin enthaltenen Aufsätzen. Dazu sind natürlich solche Bibliografien hilfreich, die die Aufsätze der jeweiligen Hefte einzeln verzeichnen und über Autoren-, Titel- oder Sachregister zugänglich machen.

Metabibliografien

- Bibliografische Berichte – Bibliographical Bulletin, hrsg. von der Staatsbibliothek Preussischer Kulturbesitz, Frankfurt (halbjährlich)
- Bibliografie der Bibliografien, hrsg. von der Deutschen Bücherei, Leipzig (monatlich)
- Bibliographic Index – A Comulative Bibliography of Bibliographies, ed. by L. Cooley, New York (3 x jährlich)
- British Library of Political and Economic Sciences: The London Bibliography of the Social Sciences, London/New York (jährlich)
- International Bibliography of the Social Sciences, ed. by the International Committee for Social Science Information and Documentation, London/New York (jährlich)

Wesentliche nationale Bibliografien

(alle in einem Land, auch außerhalb des Buchhandels, erscheinenden Werke, incl. Ton- und Bildträger, CD-Rom etc.):

- Deutsche Bibliografie, hrsg. von der Deutschen Bibliothek, Frankfurt
  Reihe A: Neuerscheinungen des Verlagsbuchhandels (wöchentlich)
  Reihe B: Beilage: Neuerscheinungen außerhalb des Verlagsbuchhandels (vierzehntägig)
  Reihe C: Beilage: Karten (vierteljährlich).
  (Zusammenfassung halbjährl., Zusammenfassung von zehn Halbjahresverzeichnissen zu einem Fünfjahresverzeichnis)
- Deutsche Bibliografie: Das Deutsche Buch, hrsg. von der Deutschen Bibliothek, Frankfurt (ab 1984, vierteljährlich)

Wesentliche ausländische Bibliografien

- Bibliographie de la France, Paris
  Reihe I: Publications en série (monatlich)
  Reihe II: Publications officielles (zweimonatlich)
- British National Bibliography: Subject Catalogue-Indexes, London (jährlich)
- Library of Congress Catalogues: National Union Catalogue, Washington (jährlich)
- Das Schweizer Buch: Bibliografisches Bulletin der Schweizerischen Landesbibliothek in Bern, Zürich (halbmonatlich)
- Österreichische Bibliografie: Verzeichnis der österreichischen Neuerscheinungen, hrsg. vom Hauptverband des österreichischen Buchhandels, Wien (vierzehntägig)

Auswahl von Spezialbibliografien

(aus dem universitären Bereich stammender Teil der Literatur, der häufig außerhalb des Buchhandels veröffentlicht wird)

- Deutsche Bibliografie, hrsg. von der Deutschen Bibliothek, Frankfurt:
  Reihe H: Hochschulschriftenverzeichnis (monatlich)
- Jahresverzeichnis der schweizerischen Hochschulschriften, Basel
- Gesamtverzeichnis der österreichischen Dissertationen, Wien
- Americal Doctoral Dissertations, Ann Arbor, Mich. (jährlich)
- Catalogue des thèses de doctorat, Paris (jährlich)
- Index to theses accepted for higher degrees in the universities of Great Britain and Ireland, London (jährlich)

Auswahl von Zeitschriftenbibliografien

- Deutsche Bibliografie, hrsg. von der Deutschen Bibliothek, Frankfurt.

  Zeitschriftenverzeichnis – Titelnachweis aller deutschsprachigen in- und ausländischen Periodika, Almanache und Kalender (fünfjährlich).
- Econbase – wirtschaftswissenschaftliche Fachzeitschriften,
- Zeitschriftenbibliografie im Internet: http://www.eesevier.nl/ecobase/Menu.html

Wirtschaftswissenschaftliche Fachbibliografien

- Betriebswissenschaftliche Zeitschriftendokumentation (BZD), hrsg. von der Gesellschaft für betriebswirtschaftliche Information m.b.H. (GBI), München (zweimonatlich)
- Bibliografie der Wirtschaftswissenschaften – Internationale Dokumentation der Buch- und Zeitschriftenliteratur der Wirtschaftswissenschaften, hrsg. von der Bibliothek des Instituts für Weltwirtschaft, Kiel, Göttingen (jährlich)
- Bibliografie der Wirtschaftspresse, hrsg. vom HWWA-Institut für Wirtschaftsforschung, Hamburg (monatlich)
- Business periodicals Index, New York (jährlich)
- Index of Economic Articles in Journals and Collective Volumes, ed. by American Economic Association, Nashville, Tn. (unregelmäßig)
- Bulletin signalétique – Sciences Humaines, Centre de Documentation Sciences Humaines, Paris
- Information Sources in Economics, ed. by J. Fletcher, 2nd ed., London et al. 1984

3.1.3 Periodika, Fachinstitutionen, Internet

Weitere Möglichkeiten der Materialbeschaffung bieten periodisch erscheinende Druckwerke. Den längsten Erscheinungsrhythmus haben Jahrbücher, die teilweise von Verlagen, teilweise von Verbänden herausgegeben werden und die im Laufe eines Jahres geführte Fachdiskussionen widerspiegeln sowie meist auch Hinweise auf Personen, Institutionen und Fachliteratur enthalten.

Jahrbücher

Beispiele von Jahrbüchern

- Hamburger Jahrbuch für Wirtschafts- und Gesellschaftspolitik, hrsg. von E. Kantzenbach, B. Molitor und O.G. Mayer, Tübingen (jährlich).
- Jahrbuch für Sozialwissenschaft: Zeitschrift für Wirtschaftswissenschaften, hrsg. von H. Jürgensen, K. Littmann und K. Rose, Göttingen (viermonatlich).
- Jahrbuch für Controlling

Zeitschriften

Zeitschriften erscheinen bekanntlich in kürzerem Rhythmus und gehören unbedingt zu den Medien, die bei der Materialsuche einbezogen werden müssen. Dabei sind wissenschaftliche Zeitschriften von nicht-wissenschaftlichen zu unterscheiden, eine nicht eindeutig mögliche Abgrenzung. Berufspraktische Fachzeitschriften, Magazine sowie Wochen- und Tageszeitungen bieten nutzbare Informationen und können Hinweise auf wissenschaftlich tragfähige Materialien geben. Ob aber ihre Artikel direkt aufgegriffen und zitiert werden können oder als »nicht wissenschaftlich« disqualifiziert gelten, ist nicht einheitlich geklärt. Dies hängt vom Thema, der Art der Arbeit, der Art des Artikels und auch davon ab, wie der jeweilige Fachbereich der Hochschule bzw. der die Arbeit abnehmende Professor dies sieht. Hier sind Sie gut beraten, wenn Sie dies rechtzeitig in Erfahrung bringen. Wissenschaftliche Zulassung von Periodika bei Arbeiten

Zeitungs- und Zeitschriftenarchive bieten teilweise zusätzliche Informationsdienste an, überwiegend über Internet. Sie sind damit kaum mehr von anderen Informations- und Dokumentationsdiensten verschiedener Stellen abzugrenzen; weiterführende Hinweise auf die inzwischen über 15 000 Online-Datenbanken und auf CD-ROM gespeicherten Bestände, meist thematisch auf ein Gebiet konzentriert, bieten Mette und Schöppl (Mette, G./ Schöppl, E.: »Wie finde ich Literatur zu den Wirtschaftswissenschaften«, Berlin 1995, S. 83–87). Informationsdienste

Nutzt man das Internet direkt für Recherchen, muss man sich analog vergewissern, dass man auf verlässliche und wissenschaftlichen Standards genügende Quellen zugreift. Nutzung des Internets

Auswahl von Zeitschriften und Zeitungen, die für das Wirtschaftsstudium relevant sind

Zeitungen/Wochenzeitschriften

Bei Zeitungen ist besonders auf deren Internet-Auftritt hinzuweisen, der die Papierausgabe mit Hintergrundinformationen und Literaturhinweisen ergänzt, allerdings nicht in jedem Fall kostenlos zugänglich ist:
- Frankfurter Allgemeine Zeitung (FAZ), werktäglich.
  URL: http://www.faz.de
- Süddeutsche Zeitung (SZ), werktäglich.
  URL: http://www.sueddeutsche.de
- Frankfurter Rundschau (FR), werktäglich.
  URL: http://www.frankfurterrundschau.de
- Handelsblatt (HB), börsentäglich.
  URL: http://www.handelsblatt.de
- Neue Zürcher Zeitung (NRZ), werktäglich.
  URL: http://www.nzz.de

- Financial Times Deutschland (FTD), werktäglich.
  URL: http://www.ftd.de
- The Wall Street Journal (börsentäglich).
  URL: http://wsj.com/

Wirtschaftsmagazine

- Wirtschaftswoche (wöchentlich)
  URL: http://www.wiwo.de
- Capital (monatlich).
  URL: http://www.capital.de
- Manager-Magazin (monatlich).
  URL: http://www.manager-magazin.de
- Wirtschaftsdienst (monatlich)
- Harvardmanager (vierteljährlich)

Deutsche Bundesbank
Wilhelm-Epstein-Straße 14–16
Postfach 10 06 02 • 60341 Frankfurt am
Main
Tel.: 0 69/95 66 35 11
URL: http://www.bundesbank.de
E-Mail: presse-information@bundesbank.de

Statistisches Bundesamt
Bibliothek – Dokumentation – Archiv
Gustav-Stresemann-Ring 11
65189 Wiesbaden
Tel.: 06 11/75 24 60
URL: http://www.statistik-bund.de
E-Mail: info@statistik-bund.de

HWWA – Institut für Wirtschaftsforschung –
Hamburg/Informationszentrum
Neuer Jungfernstieg 21 • 20347 Hamburg
Tel.: 0 40/3 56 22 63
URL: http://www.hwwa.uni-hamburg.de
E-Mail: bui@hwwa.uni-hamburg.de

Deutsche Zentralbibliothek für Wirtschafts-
wissenschaften
Düsternbrooker Weg 120 • 24105 Kiel
Tel.: 04 31/8 81 43 83
URL: http://www.uni-kiel.de
E-Mail: info@zbw.ifw-kiel.de

Informationszentrum Sozialwissenschaften
Lennéstraße 30 • 53113 Bonn
Tel.: 02 28/2 28 10
URL: http://www.social-science-gesis.de
E-Mail: iz@bonn.iz-soz.de

Institut der Deutschen Wirtschaft Köln
Gustav-Heinemann-Ufer 84–88
50968 Köln
Telefon: 02 21/4 98 11
URL: http://www.iwkoeln.de
E-Mail: welcome@iwkoeln.de

Qualität von
Internet-Inhalten

Das bezieht sich sowohl darauf, dass die Betreiber der Web-Seite »seriös« sein müssen (also zum Beispiel Lehrstühle, wissenschaftliche Institutionen oder für praktische Informationen Verbände oder große Unternehmen), dass sie auch tatsächlich die sind, die sie vorzugeben scheinen, und dass natürlich die Texte und Unterlagen selbst, die sie ins Netz stellen, für eine wissenschaftliche Arbeit die entsprechende Relevanz besitzen.

Da Web-Seiten »flüchtig«, d.h. nach Herausnahme aus dem Server durch den Anbieter für Außenstehende nicht mehr nachvollziehbar sind, haben viele Hochschulfachbereiche konkrete Regeln erlassen, wie Web-Seiten in Arbeiten einbezogen werden dürfen. Darauf kommen wir in Kapitel 5 ausführlicher zurück.

Detaillierte Informationen und Anregungen zum Umgang mit dem Internet, einschließlich der Materialsuche, finden sich in Jaspersen,Th:»Internetgebrauch im Wirtschaftsstudium«, Berlin 2000, erschienen in der gleichen Reihe der Cornelsen-Studienmanuals wie das vorliegende Buch.

3.1.4 Bibliothekskataloge

Bibliothekskataloge stellen einen weiteren großen Bereich der Materialsuche dar.

Sie werden von Studierenden häufig bezüglich ihrer Systematik als unzugänglich und undurchschaubar empfunden. Neben den Hinweisen in diesem Abschnitt, die einen ersten Einblick gewähren, empfiehlt sich dringend, gleich zu Studienbeginn an einer der regelmäßig stattfindenden Bibliotheksführungen teilzunehmen, um mit Aufnahme des Studiums zu wissen, welchen Organisations- und Strukturprinzipien meine Bibliothek unterliegt. Das erleichtert im Zugriffsfall die Materialsuche gewaltig.

Probleme mit Katalogen

Beispiel

Sebastian: »Ich stehe oft hilflos in der Bibliothek. Die Unterscheidung der einzelnen Kataloge und was man worin findet, ist mir nicht sonderlich klar. Irgendwie finde ich auch immer was, aber so richtig blicke ich da nicht durch.«

Diese Einstellung ist für viele Studierende typisch: Irgendwie gelingt das Durchwursteln, aber eben nicht systematisch und nicht mit der Sicherheit, dass man alles findet, was vorhanden ist und wichtig wäre. Und man weiß nicht, dass und wie es besser und einfacher geht.

Bibliothekskataloge lassen sich zunächst nach dem Kriterium der **Katalogisierungsform** unterscheiden: Es gibt Kataloge, die auf Karteikarten basieren, es gibt Kataloge auf Band und auf Microfiche (beides hat eine Verfilmungsbasis) und seit einigen Jahren gibt es digitale Kataloge.

Äußere Form der Kataloge

Sie alle lassen sich aber gemeinhin nach einem Katalogisierungskriterium unterscheiden: sei es nach dem Standort, dem Schlagwort, dem Autor, einer Systematik oder/und einer Kombination aus dem Genannten. Nicht überall sind alle Formen vorhanden.

- Der **Formalkatalog** beinhaltet alle Werke einer Bibliothek, geordnet nach der alphabetischen Reihenfolge der Verfasser beziehungsweise der Sachtitel. Werke mit mehr als drei Herausgebern, Zeitschriften, Zeitungen, Serien, Reihen, Anonyma werden dabei unter dem Sachtitel eingetragen. Diese Kriterien können aber von Bibliothek zu Bibliothek variieren; es empfiehlt sich daher, diese Kriterien zu erfragen, um einen möglichst schnellen und problemlosen Zugang zu den gewünschten Werken zu finden.

Alphabetische Ordnung

- Der **Sachkatalog,** also der Schlagwortkatalog, wird dagegen nicht nach dem Titel, sondern nach dem Inhalt erschlossen. Jeder Titel wird gemeinhin unter mindestens einem Schlagwort registriert; dieses soll das Werk in seiner wesentlichen Ausrichtung einordnen. Dabei kann es durchaus zu Fehlzuordnungen kommen. Wichtig für die eigene Recherche in einem Sachkatalog ist, für das Stichwort, das man sucht, auch bedeutungsgleiche beziehungsweise bedeutungsähnliche Stichworte zu finden, um die Recherche möglicherweise nicht in einer Sackgasse enden zu lassen.

Fachliche Ordnung

- Für eine themenspezifische Recherche bietet sich der **systematische Katalog** besonders an. Darin werden Werke, die eine inhaltliche Ähnlichkeit aufweisen, zusammengefasst. Querverweise auf verwandte Gebiete bieten die Möglichkeit, die Recherche in verschiedene Richtungen auszuweiten oder auch zu konkretisieren. Da die Systematik dieses Kataloges von Bibliothek zu Bibliothek stark differiert, ist es ratsam, sich vor dem Benutzen des Katalogs mit den zu Grunde liegenden Ordnungskriterien vertraut zu machen.

Gemischte Ordnung

- Besonders benutzerfreundlich ist die Recherche in einem **Kreuzkatalog,** also einem Katalog, der die kombinierte Recherche nach mehreren Kriterien ermöglicht. Diese Kataloge sind heutzutage zumeist digitalisiert und arbeiten mit großer Geschwindigkeit. Solche Kataloge, OPAC (Online Public Access Catalogue) genannt, gibt es nicht nur in fast jeder Bibliothek, sie verbinden teilweise auch mehrere Bibliotheken (Verbundbibliothek) miteinander.

Digitale Kataloge

Die Recherche kann sich auf Autoren, Herausgeber, Stichworte, Titel, Erscheinungsjahre, bestimmte Bibliotheken konzentrieren und diese Kriterien je nach Wunsch kombinieren.

OPAC

Beispielhaft ist auf der folgenden Seite das Rechercheformular des OPAC der Ruhr-Universität Bochum abgedruckt.

Suche per Computer

In vielen Bibliotheken ist zwar der Bibliothekskatalog noch vorhanden, wird aber von der erweiterten Suche per Computer ergänzt oder sogar abgelöst. Die Suche per Computer hat den Vorteil,
– dass man, zunächst beschränkt auf die Universitätsbibliothek, schnell eine Übersicht über alle vorhandenen Werke erhält;
– dass man eine Recherche mit mehreren Suchbegriffen durchführen kann;
– dass man auch über den Ausleihzustand des jeweiligen Werkes Informationen erhält und
– dass man ein gewünschtes Werk, bei aktueller Ausleihe, vormerken lassen kann.

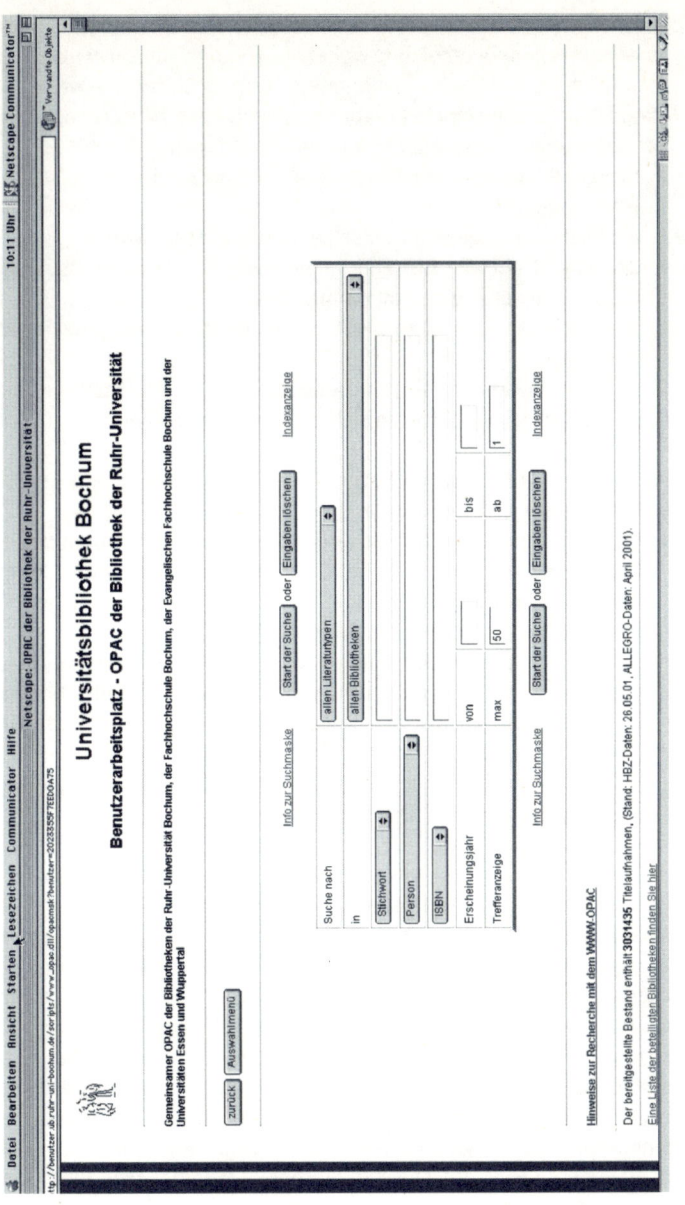

Abb. 3.2: Rechercheformular des Bochumer OPAC (www.ub-ruhr-uni-bochum.de)

Das Internet unterstützt diese computergestützten Suchmöglichkeiten einer Hochschulbibliothek und weitet diese enorm aus. Nicht nur, dass es möglich ist, den Hochschulbibliothekskatalog beziehungsweise die Materialsuche von seinem Computer zu Hause aus zu machen, zeichnet das Internet in diesem Fall aus, es erlaubt auch

Erweiterte Suchqualität
per Computer

- den Zugriff auf spezielle Datenbanken für wirtschaftswissenschaftliche Fragen,
- die Suche nach allen in Deutschland erschienenen Werken,
- den Zugriff auf alle Bestände aller deutschen Universitätsbibliotheken und somit eine umfassende Suche,
- und schließlich die Möglichkeit, Fernleihbestellungen durchführen zu können.

Eine Übersicht der wichtigsten nationalen Bibliothekskataloge, die online zugänglich sind, finden sich im Anhang aufgeführt.

Zusätzliche Suche
im Internet

Weitere Vorteile der Internet-Recherche knüpfen an das an, was bereits in Abschnitt 3.1.3 gesagt wurde.

- Im Internet finden sich Texte und Aufsätze von Professoren beziehungsweise Dozenten allgemein, die häufig von deren Homepages abrufbar sind; diese Homepages sind in der Regel über die jeweilige Homepage der Hochschule zugänglich.
- Auf den Homepages der Verlage gibt es häufig wertvolle Hinweise zu Autor und Werk sowie zu weiteren themenverwandten Schriften.
- Das Internet ermöglicht den direkten und schnellen Kontakt zu Organisationen, Verbänden und Vereinigungen, von denen man Berichte, Papiere, Stellungnahmen oder Ähnliches benötigt; diese sind dann problemlos anzufordern.

Ergänzend:
Suche bei Internet-
Büchershops

Schließlich sind auch die **professionellen Internet-Büchershops** zu erwähnen. Sie sind für die Literaturrecherche sehr hilfreich, da auch sie nach Eingabe eines bestimmten Werkes themenverwandte Schriften anzeigen beziehungsweise kombinierte Themenrecherchen ermöglichen und dabei je nach Anbieter praktisch sämtliche auf dem Markt befindlichen Werke oder zumindest einen sehr großen Teil berücksichtigen. Da es sich teilweise um internationale Unternehmen handelt, die beispielsweise auch in den USA tätig sind, kann man sich hier zugleich die amerikanische Fachliteratur erschließen, die gerade bei einem Wirtschaftsstudium ja öfter herangezogen wird. Die zur Zeit der Drucklegung dieses Buches größten Anbieter sind www.amazon.de, www.mediantis.de (ehemals buecher.de) und www.bol.de. Darüber hinaus haben auch Kaufhäuser und Großbuchhandlungen vielfach eigene große Internet-Shops mit entsprechenden Katalogen.

Bücher und Zeitschriften wird man entweder ausleihen oder kaufen. Soweit sie im Handel verfügbar sind, reichen die üblichen bibliografischen Angaben, am besten mit Verlag, um sie in einer beliebigen Buchhandlung zu erwerben oder im Internet-Buchshop zu bestellen. Die Anzahl der Bücher, die man sich während eines Studiums kaufen kann, wird zwangsläufig begrenzt sein müssen. Der Kauf lohnt sich auf jeden Fall für Standardwerke und für Bücher, die man längerfristig und/oder intensiv nutzt. Natürlich wird man die Bücher kaufen müssen, in die man bei der Durcharbeitung »hineinarbeitet« (Markierung von Textstellen, Notizen, vgl. Abschnitt ...).

Für ein Auffinden in der Bibliothek reichen bibliografische Angaben nicht aus, weil man dazu natürlich zusätzlich wissen muss, in welcher Bibliothek das Buch oder der betreffende Jahrgang der Zeitschrift vorhanden ist. Sofern man also die betreffende Literaturangabe nicht direkt aus einem Bibliothekskatalog entnommen hat (sondern beispielsweise auf einem in den Abschnitten 3.1.1 bis 3.1.3 beschriebenen Weg), muss man noch zusätzlich in Bibliothekskatalogen nachschlagen, wo das betreffende Werk zu finden ist (vgl. Abschnitt 3.1.4).

 In der überwiegenden Zahl der Fälle wird die Beschaffung eines Titels in der zentralen Hochschul- oder einer Fachbereichsbibliothek am Studienort erfolgen, was nach wie vor die wichtigste und gebräuchlichste Form der Literaturbeschaffung ist.

Sollte ein Werk nicht an der heimischen Bibliothek vorhanden sein, kann es per Fernleihbestellung (meist schon per Computer) angefordert werden; eine Fernleihbestellung dauert, je nach Verfügbarkeit des Werkes, meist zwischen 2 und 8 Wochen und ist nur mit geringen Kosten verbunden. Die unter Umständen längere Wartezeit sollte auch zu Überlegungen führen, ob man das Werk, so man seine Wichtigkeit besonders hoch einschätzt, kaufen sollte oder, falls es in einer nicht weit entfernten anderen Universitätsbibliothek vorhanden ist, persönlich einsieht beziehungsweise wichtige Auszüge daraus kopiert.

Die Wichtigkeit, alle notwendigen Daten eines Werkes zu kennen, worauf in Kapitel 6 ausführlich hingewiesen wird, scheint bereits an dieser Stelle auf:

 Um eine Fernleihbestellung durchführen zu können, benötigt man mindestens folgende Angaben: Autor(en) bzw. Herausgeber, Titel, Erscheinungsort, Erscheinungsjahr und einen Quellenverweis.

**3.2
MATERIAL
BESCHAFFEN**

Beschaffungskauf

Beschaffungsweg
Bibliothek

Fernleihsystem

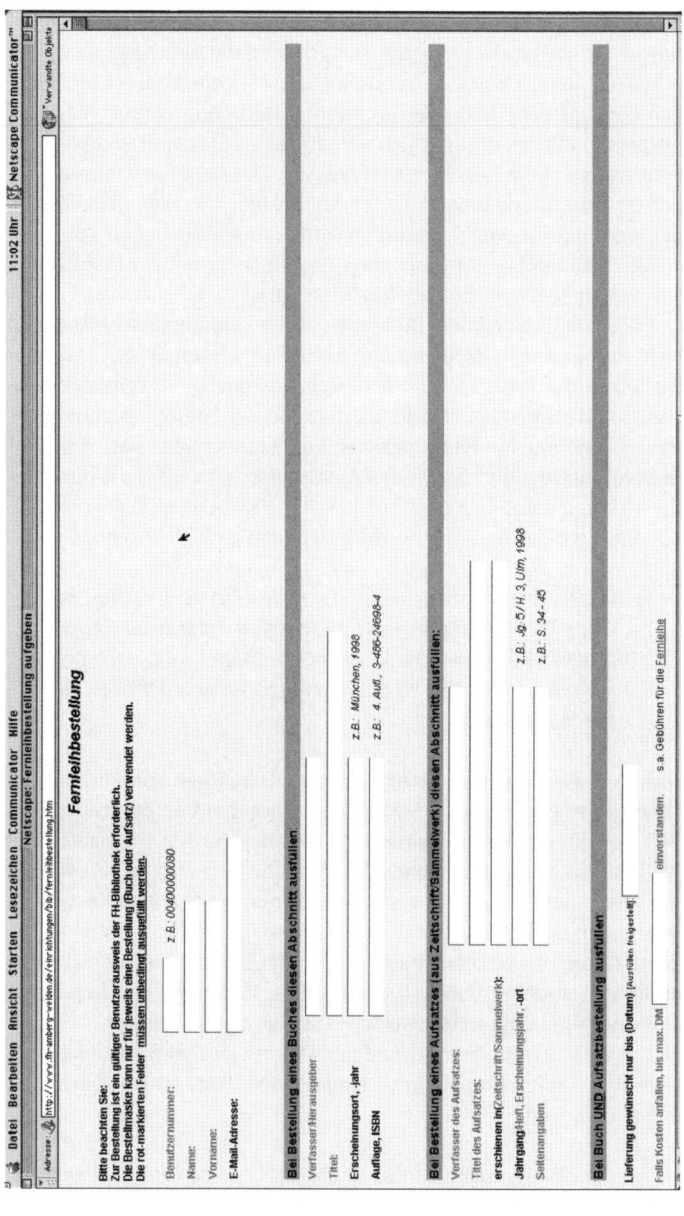

Abb. 3.3: Beispiel: Fernleihbestellformular FH Amberg

Hat man Beiträge aus Sammelwerken oder Zeitschriften recherchiert, braucht man nicht nur den Autor und den Titel des Beitrags, sondern natürlich zusätzlich die Angaben des Sammelwerks bzw. der Ausgabe der betreffenden Zeitschrift, um diese bestellen zu können. Mancherorts wird ein (in der Regel gebührenpflichtiger) Kopierservice angeboten, mit dem man Kopien einzelner Aufsätze aus Zeitschriften bestellen kann.

Zusatzaufgaben bei Sammelwerken und Zeitschriftenaufsätzen

Bei nicht im Handel erhältlichen »grauen Materialien«, die auch nicht in einer Bibliothek stehen, muss man sich direkt an die Institution wenden, die diese herausgegeben hat (wissenschaftliche Untersuchung eines Verbands, Geschäftsbericht eines Unternehmens, interne Memoranden, Strategiepapiere o.Ä.)

Graue Materialien

Eine weiterhin übliche Möglichkeit, Studierende mit Material zu versorgen, soll abschließend nicht unerwähnt bleiben: Es ist die Vorgabe durch den Dozenten. Häufig hat er/sie schon ein Paket von Aufsätzen kopiert und teilt dies aus oder es wurden Werke zu einem »Handapparat« zusammengestellt, der an einem zentralen, aber nur Berechtigten zugänglichen Ort aufbewahrt wird. Dann muss nur noch zusätzliche Literatur gesucht und beschafft werden, die auf dieser vorsortierten Basisliteratur aufbauen kann.

Materialien von Dozenten

Handapparat

Nach der Suche und dem Beschaffen des Materials für eine wissenschaftliche Arbeit ist es ratsam, spätestens hier seinen **eigenen Anspruch zu klären.** Man spart viel Zeit und arbeitet gezielter, wenn man das Folgende beachtet:

3.3 MATERIAL AUSWÄHLEN

Erste Einschätzung von Material

- Machen Sie sich vor dem Lesen des gefundenen Materials klar, zu welcher Frage Sie eine Antwort oder nähere Klärung erwarten. Die gröbste Unterscheidung ist danach zu treffen,
  - ob man den »Autor verstehen« will, um sich dann mit seiner Theorie auseinander zu setzen, oder
  - ob man sich für eine eigene beziehungsweise spezifische Fragestellung (Teil-)Aspekte von diesem Buch erwartet.
- Überlegen Sie, welche Teilfrage oder Teilaspekte in dem Text angesprochen werden sollten und in welche Richtung Antworten beziehungsweise Informationen gesucht werden. Es hilft auch, wenn Sie sich Ihre zentrale Frage (und eventuell Unterfragen) schriftlich notieren, um diese dann mit der Fragestellung und den Antworten des Buches vergleichen zu können.

 Ist der eigene Anspruch erst einmal geklärt, dann sollte man ihn auch am konkreten Material überprüfen.

Sie verhindern weit gehend ein unnötiges Lesen uninteressanter bzw. für Ihr Thema irrelevanter Texte oder Textteile, wenn Sie Folgendes beherzigen:

- Fragen Sie sich, was Sie von dem
  - Autor (wer ist er, welche Arbeitsschwerpunkte hat er),
  - möglicherweise dem Verlag bzw. der Buchreihe oder dem Buchtypus (z.b. einführendes Lehrbuch oder Forschungsbericht),
  - der Zeitschrift oder dem
  - Erscheinungsjahr

  erwarten können; auch wenn einem Studierenden in den ersten Semestern dazu häufig noch die Erfahrungen fehlen, kann dieses Vorgehen nur nützen. Das Gleiche gilt für das Überfliegen des Literaturverzeichnisses.
- Sehen Sie die Gliederung des Buches oder bei Aufsätzen die einzelnen Zwischenüberschriften danach durch, was wie ausführlich angesprochen bzw. auch nicht angesprochen wird und was davon interessiert bzw. fehlt.
- Lesen Sie die Einleitung des Buches oder die evtl. vorhandene Zusammenfassung (»Summary«) eines Aufsatzes, da diese oft eine kurze Darstellung des wesentlichen Inhalts enthalten.

  Längere Einleitungen haben meist zu Beginn eine kurze Einführung ins Thema und gegen Ende eine Darstellung vom Inhalt des betreffenden Buches. Dazwischenstehende Abschnitte, wie die Abgrenzung zu anderen Arbeiten, das Vorgehen in der Arbeit und Ähnliches sind für das Überprüfen des eigenen Anspruchs zunächst unwichtiger und können deshalb beim ersten Lesen übersprungen werden.
- Lesen Sie bei Unsicherheit, ob einzelne Kapitel den eigenen Erwartungen entsprechen, eine zufällige Auswahl einiger kurzer Textstellen (exemplarisch).
- Erst danach sollten Sie entscheiden, welche Texte beziehungsweise Kapitel Sie intensiv, diagonal oder gar nicht lesen.

Viele Bücher sind so aufgebaut, dass die ersten Kapitel eher theoretisch und schwerer verständlich sind, während spätere konkreter und leichter verständlich sind; das zeigt oft schon die Gliederung. Bei solchen Büchern ist es oft sinnvoll, erst einen leichteren Teil zu lesen und damit einen Grundstock für einen leichteren – weil besser vorstellbaren – Zugang zu den theoretischen Kapiteln zu haben.

Nur die Werke, die dieser Prüfung unterzogen wurden und für die eigene spezifische Themenstellung passend sind, sollten nun ganz oder teilweise gelesen und bearbeitet werden.

Dass es trotz einer solchen Prüfung, die beispielsweise bei Fernleihbestellungen erst nach Erhalt des Buches erfolgen kann, immer noch
zu überflüssiger Arbeit kommen kann, versteht sich von selbst; dennoch liegt die Stärke dieses Verfahrens darin, einen großen Teil der für
die Themenstellung nicht relevanten Texte auszuschließen, sodass die
vergebliche Mühe, die sich nicht ganz ausschließen lässt, zumindest
deutlich reduziert wird. Zugleich verschafft diese Durchsicht des
Materials den ersten Überblick über das Thema.

AUFGABE **ZUSAMMENFASSUNG**

Die **Materialsuche** erfolgt wesentlich über
* Nachschlagewerke,
* Bibliografien,
* Periodika,
* Recherchen bei Informationsdienstleistern und Institutionen,
* Bibliothekskataloge,
  dies klassisch (Druckwerke) oder durch elektronische Recherche.

Die **Materialbeschaffung** erfolgt
* durch Kauf der häufig, länger oder intensiv genutzten Werke,
* durch Ausleihe der übrigen (und zugleich meisten) aus der Bibliothek, ggf. per Fernleihe, und
* ergänzend durch zusätzliche Materialien, die bei verschiedenen
  Institutionen erhältlich sind.
  Sie baut auf der durch den Dozenten angegebenen Literatur auf.

Bei der **Materialauswahl** gilt es zunächst, den eigenen Anspruch an
das Werk entsprechend der Fragestellung der anzufertigenden wissenschaftlichen Arbeit zu klären.
Dies geschieht durch die Untersuchung des jeweiligen Werkes nach
den Kriterien
* Autor,
* Verlag/Reihe,
* Erscheinungsjahr,
* Gliederung/Überschriften,
* Einleitung,
* ausgewählte Passagen
  in Kontrast zu den selbst formulierten Ansprüchen und Fragen,
  die beantwortet werden sollen.

Nehmen Sie sich drei Stunden Zeit, die Material-, also Literaturbeschaffung und -auswahl, explizit zu üben.

Wählen Sie dazu ein Thema, das sie interessiert und das Sie möglicherweise in absehbarer Zeit im Studium beschäftigen wird, sodass
es sich nicht nur um eine sinnvolle Trockenübung, sondern auch
um eine thematisch nützliche Übung handelt. Definieren Sie dieses
Thema sehr gezielt und genau.

Begeben Sie sich sodann in Ihre Hochschulbibliothek und versu-
chen Sie den geschilderten Gang
• Nachschlagewerke,
• Bibliografien,
• Bibliothekskataloge
nachzuvollziehen.

Notieren Sie die Ergebnisse Ihrer Suche getrennt nach inhaltlichen
Informationen und Entwicklungsmöglichkeiten Ihres Themas und
nach passender Literatur zum Thema.

Sie werden staunen, mit welchem Erfolg und mit welcher Präzision Sie nach Ablauf der drei Stunden Material für Ihr Thema gefunden haben.

Wenn Ihnen noch etwas fehlt, Sie Ihr Ergebnis vertiefen möchten
oder die spezifische Fragestellung dies erfordert, ergänzen Sie die
Übung durch weitere Recherche im Internet.

4   DIE MATERIALAUSWERTUNG

Nach der Definition der Themenstellung und der Materialsuche und - beschaffung muss das Material im nächsten Schritt ausgewertet werden. Zu den Techniken der Materialauswertung gehören die Lesetechniken und die Arbeitstechniken.

Das ausgewählte Material wird zunächst diagonal gelesen (Überblick verschaffen) und die entscheidenden Texte werden danach intensiv gelesen. Man fertigt davon Exzerpte an, was gleichermaßen als Prozess geistiger Arbeit und zum Zweck des Verfügbarhaltens wichtig ist. Exzerpte und alle sonstigen Studienunterlagen müssen systematisch geordnet und im Zugriff gehalten werden.

Die Arbeitstechniken beziehen sich nicht nur auf das Erschließen der Fachliteratur, sondern auch auf einen effizienten Umgang mit Studienveranstaltungen.

4.1	LESETECHNIKEN	48
4.1.1	Diagonales Lesen	48
4.1.2	Intensives Lesen	50
4.2	ARBEITSTECHNIKEN	56
4.2.1	Richtig exzerpieren	56
4.2.2	Richtig ordnen	57
4.2.3	Richtig mit Lehrveranstaltungen umgehen	59

Lesetechniken gehören zu den wichtigsten Arbeitstechniken überhaupt; nur wer planvoll und gezielt liest, liest genau und erspart sich unnötige Arbeit.

Diagonales Lesen
• schafft Überblick
• spart Zeit

4.1.1 Diagonales Lesen

Diagonales Lesen dient erstens dazu, den Überblick zu bekommen. Zweitens ist diagonales Lesen eine Technik, um Lesezeit zu sparen, indem man sich bei Texten, die sich dadurch bereits hinreichend erschließen, auf diese Lesetechnik beschränkt.

Diagonales Lesen ist zunächst oft schwierig, wenn man von dem thematischen Zusammenhang der Arbeit, für die man gerade liest, noch wenig weiß. Auch wenn der Text abstrakt und die Sprache schwierig ist, fällt diagonales Lesen nicht leicht. Dennoch gilt:

 Lesen Sie Texte immer zunächst diagonal, auch wenn Sie glauben, schon Überblick zu haben. Bleiben Sie beim ersten Durchgang beim diagonalen Lesen, auch wenn das Kapitel interessant ist und es reizt, gleich ausführlicher einzusteigen.

Gehen Sie am besten so vor, dass Sie von vorne nach hinten durchblättert und auf jeder Seite – oder auch seltener – die ersten Zeilen eines Abschnitts lesen und gleichzeitig auf wesentliche Substantive und Verben achten, um zu sehen,

• worum es hier geht,
• wie, also mit welcher Methode und mit welchem Verständnis, der Teilaspekt angegangen wird – das ist am Anfang noch schwierig,
• welche Gesichtspunkte, Fragestellungen für den Autor besonders bedeutsam sind, also auch viel Platz einnehmen.

Besonders wichtig für das diagonale Lesen sind oft Einleitungs- und Schlusskapitel sowie Kapiteleinleitungen.

AUFGABE **ZUSAMMENFASSUNG**

Lesen Sie den Text auf der folgenden Seite diagonal. Sie haben dazu exakt 30 Sekunden Zeit. Versuchen Sie anschließend die wesentliche Aussage des Textes in einem Satz aufzuschreiben.
Für diese Aufgabe lässt sich keine einheitliche bzw. vergleichbare Lösung angeben. Lesen Sie den Text deshalb anschließend ausführlich und bewerten Sie, ob Ihr Satz gut war.
Sie können die Aufgabe auch im Team bearbeiten und Ihre Sätze wechselseitig kontrollieren.

GATT-Themen der Zukunft: Wettbewerb, Soziales, Umwelt

Je länger sich die Uruguay-Runde hinzog, desto offensichtlicher wurde, dass bestimmte, mittlerweile als zentral erkannte Fragenbereiche ... gar nicht verhandelt werden konnten, weil sie nicht in das 1986 in Punta del Este geschneiderte Verhandlungskorsett aufgenommen worden waren. Dies gilt insbesondere für die drei heutigen Megathemen Wettbewerbspolitik, Sozialpolitik und Umweltpolitik.

1. Der Aufbau einer internationalen Wettbewerbsordnung bleibt das zentrale ordnungspolitische Problem des GATT. Die Forderung nach einem internationalen Kartellrecht wird in der Wissenschaft seit Jahrzehnten erhoben. Neue Modellentwürfe liegen vor. Die Beschränkung auf die staatliche Handelspolitik führt dazu, dass zwischenstaatliche Liberalisierungen durch Wettbewerbsbeschränkungen der privaten Wirtschaftssubjekte konterkariert werden können. Ein wesentlicher Teil des Welthandels (bis zu 40 %) wird konzernintern innerhalb transnationaler Unternehmen geregelt. Zugleich findet eine Verdrängung von Klein- und Mittelunternehmen aus dem Welthandel statt. Das GATT jedoch enthält bisher so gut wie keine Bestimmungen zur Bekämpfung von Wettbewerbsbeschränkungen durch Private. Neuerdings scheint sich die OECD des Aufbaus eines internationalen Wettbewerbsrechts annehmen zu wollen. Auf universaler Ebene können wirksame Lösungen nur im Rahmen von GATT/WTO gefunden werden.

2. Unter dem Stichwort »Sozialdumping« wird seit Jahren das Einbringen von Sozialklauseln ins GATT diskutiert, um grundlegende soziale Kollektiv- und Individualrechte im Sinne der von der Internationalen Arbeiterorganisation (International Labour Organization, ILO) geprägten Standards (Vereinigungsrecht, Verbot der Kinderarbeit, Mindestlöhne und anderes) verbindlich festzuschreiben.

3. Neben dem Fehlen eines internationalen Wettbewerbsrechts wächst sich in den Neunzigerjahren immer mehr der Spannungsbereich zwischen freiem internationalen Handeln und nationalem Umweltschutz (»Trade and Environment«) zu einer Herausforderung für GATT/WTO aus. Die ernste Bedrohung des Ökosystems Erde zwingt zu raschem und wirkungsvollem Handeln. Wegen der bekannten Schwerfälligkeit multilateraler Übereinkünfte nimmt die Bereitschaft ökologisch sensibilisierter Staaten zu, Umweltschutzmaßnahmen einseitig zu erzwingen. Die Entwicklungsländer sind sich in der Ablehnung dieser »ökoprotektionistischen« Praktiken weitgehend einig. Die Erweiterung des protektionistischen Arsenals durch ökologisch motivierte Handelshemmnisse soll nicht hingenommen werden. Sie schränkt die ohnehin sehr begrenzte handelspolitische Aktionsfähigkeit der Dritten Welt weiter ein.

[...]

Beim Thema Freihandel und Umwelt hat sich das GATT am Ende der Uruguay-Runde beweglich erwiesen – eine der großen Überraschungen der Genfer Verhandlungen. In die WTO-Präambel wurde im Interesse nachhaltiger Entwicklung (»Sustainable Development«) die Verpflichtung aufgenommen, die Umwelt zu schützen und zu erhalten. Darüber hinaus wurde am 15. Dezember 1993 in Genf neben dem Uruguay-Gesamtpaket eine zweiseitige Erklärung »Handel und Umwelt« verabschiedet, mit der ein anspruchsvolles Arbeitsprogramm in diesem Bereich aufgelegt werden soll. [...] Bei der Ministerkonferenz im April 1994 in Marrakesch soll ein Umweltprogramm, das auch Vorschläge für eine institutionelle Struktur enthalten soll, gemeinsam mit dem gesamten Uruguay-Paket durch die Minister angenommen werden. Der Weg in Richtung einer »Öko-WTO« scheint vorgezeichnet.

(Oppermann, T./Beise, M.: »Die neue Welthandelsorganisation – ein stabiles Regelwerk für weltweiten Freihandel?«, in: Europa-Archiv, 7/1994, S. 195–202, hier: S. 197/198)

4.1.2 Intensives Lesen

Dem diagonalen Lesen schließt sich für die Texte, die genauer erschlossen werden sollen, das intensive Lesen an. Dabei gibt es wiederum zwei Möglichkeiten:

Text komplett nutzen

1. Man möchte oder muss alles lesen und verstehen, was im Text enthalten ist. Sei es, dass man alles in Erfahrung bringen möchte, was der Autor denkt oder will, weil man zum Beispiel eine von ihm geprägte volkswirtschaftliche Theorie oder einen Erklärungsansatz ausführlich darstellen möchte. Oder sei es, weil der Text eine Methode zum Beispiel aus Rechnungswesen oder Statistik beschreibt, die Schritt für Schritt verstanden und verinnerlicht werden muss.

Text selektiv nutzen

2. Man zieht den Text heran, um vom Autor etwas zu einem Thema zu erfahren. Das bedeutet, dass man je nach dem eigenen Anspruch den Text nur selektiv benötigt, d.h., es gibt im Hinblick auf die Fragestellung interessante und uninteressante, wichtige und unwichtige Passagen. Folglich kann es in diesem Fall auch bei intensivem Lesen sinnvoll sein, bestimmte Abschnitte nur diagonal zu lesen.

 Klar ist: Bei intensivem Lesen muss Wort für Wort, Satz für Satz, Abschnitt für Abschnitt gelesen werden.

Gerade dann, wenn man den gesamten Ansatz eines Autors verstehen will, ist es wichtig, alle Textteile, beispielsweise auch die Einleitung, zu lesen. Diese sagt zumeist etwas zum Grundverständnis und zur Begründung der Herangehensweise aus.

Tipps bei Verständnisschwierigkeiten

Hintergrund-Info

- Denken Sie zurück an die Gliederung und an die bisher gesammelten Kenntnisse über das Buch bzw. den Aufsatz und den Autor, ferner an dessen grundlegendes Verständnis von zentralen Begriffen. Das schafft Orientierung; so kann man den Gedankengängen eines anderen leichter folgen.

Weiterlesen

- Lesen Sie einige Sätze über die unverstandene Stelle hinweg – oder bis zum Abschnittsende – weiter. Wenn Sie dann auf den unverstandenen Teil zurückgehen, wird der Gedankengang im Zusammenhang oft klarer.

Nachschlagen

- Schlagen Sie unbekannte Fach- und Fremdwörter nach. Oft bemerkt man nicht, dass man etwas nicht versteht. Allgemeine Lexika oder Wörterbücher bieten oftmals nur eine Übersetzung, aber nicht die fachwissenschaftliche Bedeutung, sodass man glaubt, einen Begriff zu kennen, dem eigentlich eine besondere Bedeutung zukommt. Hier helfen nur Fachlexika. Außerdem sind Begriffe vielfach mit einem spezifischen Verständnis gefüllt, das nur aus dem inhaltlichen Zusammenhang deutlich werden kann. Dazu kommt, dass Verständnisschwierigkeiten oft auch an Begriffen liegen, die einem als Wort sehr geläufig sind (zum Beispiel deutsche Wörter), denen aber im Text ein anderes Verständnis als in der Umgangssprache zu Grunde liegt.

Wichtig ist aktives Lesen

Sie dürfen einen Text nicht wie einen Roman »herunterlesen«, sondern sollten wichtige und unklare Stellen anstreichen. Am besten eignen sich dazu farbige Stifte, die entsprechende Stellen unterschiedlich herausheben.

Technik des Anstreichens nutzen

Ferner ist Anstreichen am Rande wichtig, und zwar mit einer Symbolik, die auf einen Blick zeigt, warum die betreffende Stelle angestrichen wurde. Verwenden Sie also unterschiedliche Farben und zeichnen Sie Mehrfachstriche, Schlangenlinien etc. bzw. nutzen Sie verschiedene Zeichen oder Buchstaben, um zu markieren, weshalb Sie die Stelle angestrichen haben (zum Beispiel, weil es sich um einen wichtigen Gliederungspunkt, eine zentrale Aussage, ein Beispiel, einen Widerspruch zum eigenen Verständnis, eine Unklarheit handelt). Ein entsprechendes Wort zu dem Inhalt auf den Rand oder eine Überschrift in dem Text oder oben auf der Seite sind eine sinnvolle Ergänzung.

 Entwickeln Sie sich mit der Zeit ein festes System von Zeichen, Markierungen, Symbolen, Abkürzungen und anderen Kennzeichnungen, die Sie zumindest jeweils in einem Buch durchhalten, besser noch generell für das gesamte wissenschaftliche Arbeiten.

Aber Vorsicht vor zu vielem Anstreichen oder zu vielen Zeichen und Farben! Spätestens wenn ein Viertel des Textes angestrichen ist, verkehrt sich die Übersichtlichkeit ins Gegenteil.

Maßvoll anstreichen

Auf der folgenden Doppelseite finden Sie ein Beispiel, wie in einem Text eine angemessene Markierung vorgenommen wurde. Sie kommt, da dieses Buch nicht farbig gedruckt wird, ohne Farbe aus, aber die Benutzung einiger weniger Farben kann nur angeraten werden.

Das Beispiel ist systematisiert angelegt und enthält eine Auswahl aus einer umfassenderen Liste von Zeichen. Diese Übersicht ist als Muster zu verstehen, an das Sie sich anlehnen können, was aber selbstverständlich individuell variiert werden kann. Wichtig ist, wie schon erwähnt, dass Sie ein einheitliches System entwickeln.

Die Vision der WTO: von der machtorientierten zur regelorientierten Welthandelspolitik

Thema

GATT und bald WTO müssen sich dieser Herausforderung stellen. [...] In den letzten Jahren haben die GATT-Vertragsparteien immer häufiger den multilateralen Ansatz nicht nur durch Regionalisierung aufgeweicht, sondern zugleich kurzfristige Vorteile bilateraler Übereinkünfte kennen und schätzen gelernt. In diesem Zusammenhang wird von einer Strategie der »aggressiven Reziprozität« gesprochen. Nach dem Prinzip der traditionellen Reziprozität dagegen, die das GATT durchzieht, wird über gleichwertige Zugeständnisse diskutiert, nicht aber über die Höhe des Schutzniveaus ('mutually balanced lists'). Das war ein grundlegend anderer, »neutraler« Ansatz im Vergleich zu den heutigen Forderungen nach gleichen Marktzugangsbedingungen. Ist damit die bisherige Welthandelordnung in ihrer Substanz betroffen, wie Richard Senti, einer der besten GATT-Kenner, dies vehement vertritt? Es besteht jedenfalls die Gefahr, dass die große Errungenschaft des GATT-Systems, wie sie in der Uruguay-Runde eigentlich vervollständigt werden sollte, verloren geht: durch Gleichbehandlung mehr Rechtssicherheit zu schaffen und im internationalen Verkehr eine machtorientierte durch eine regelorientierte Politik zu ersetzen.

Gewiss sind GATT und WTO den besonderen Bedingtheiten des internationalen Rechts unterworfen, das wegen der Souveränität der Staaten nur beschränkt Wirkung entfalten kann. Internationales Wirtschaftsrecht ist kein Betätigungsfeld für völkerrechtliche Puristen. Mehr als andere internationale Organisationen muss sich das GATT immer wieder veränderten Bedingungen anpassen. [...]

Ebenso darf nicht übersehen werden, dass historische, politische, geografische und ökonomische Gründe regionale Wirtschaftsgemeinschaften attraktiv erscheinen lassen. Sie im Ansatz abzulehnen hieße, die Bedürfnisse der Zeit zu leugnen. Die europäische Wirtschaftsintegration ist ein essenzieller Bestandteil des europäischen politischen Einigungsprozesses mit dem Ziel einer dauerhaften Friedensordnung für den alten Kontinent. Richtig verstanden, können Regionalordnungen sogar Vorbildcharakter für die multilaterale Ebene gewinnen. NAFTA ist ein viel versprechendes Beispiel für einen Vertrag, der Regelungen für intensive und umfassende Handelsbeziehungen zwischen sehr ungleichen Partnern enthält und ökologische und soziale Fragen einbezieht.

Und dennoch: Wenn die Entstehung der WTO ab 1995 Sinn machen soll, dann nur durch die multilaterale Bändigung regionaler und bilateraler Egoismen. Das Instrument hierzu ist und bleibt das internationale Recht. Auf diesem Weg hat das GATT in einem halben Jahrhundert viel erreicht. Darauf aufbauend bietet die WTO neue Ansätze, insbesondere bei der Streitbeilegung. Bisher hatten die USA ihre Neigung zu einseitigen Handelsmaßnahmen mit der geringeren Effizienz des alten Panelsystems begründet. Solcher Argumentation ist nach Abschluss der Uruguay-Runde nicht nur für die Vereinigten Staaten der Boden entzogen.

Ziel

[...] 1993 war ein Jahr der spektakulären Einigungen in den Weltwirtschaftsbeziehungen: GATT/WTO, EU, EWR, NAFTA waren die Glanzlichter des Jahres. Der Alltag wird grauer und mühsamer werden und wieder von vielfältigen protektionistischen Versuchungen bestimmt sein.

Ausblick

(Oppermann, T./Beise, M.: a. a. O., S. 200–202)

ZEICHEN	BEDEUTUNG
!	Wichtige Passage
!!	Sehr wichtige Passage
W	Wiederholung
N	Name
A!	Achtung, prüfen!
Vs	Gegenüberstellung
K!	Kopieren!
X	Widerspruch
☺	Bonmot
‡	Nachschlagen
?	Fraglich; Verständnis prüfen!
Bsp.	Beispiel
...	
f!	Falsch, Denkfehler

Abb. 4.1: Zeichensystem

Nicht nur Ersatzlösung bei fremden Büchern: Notizen

Notizen als Behelf und als systematische Technik

Der Vorschlag, in der dargestellten Form die Texte zu markieren, ist natürlich nur bei eigenen Büchern möglich. In ausgeliehenen, also fremden Büchern verbietet es sich, Anmerkungen einzutragen. Braucht man nur kleinere Auszüge, kann man diese kopieren und auf den Kopien arbeiten. Erweist es sich als wichtig, ein ausgeliehenes Buch intensiver zu bearbeiten, sollte man sich unbedingt ein eigenes Exemplar kaufen.

In allen anderen Fällen schreibt man Notizen auf einem beiliegenden Zettel auf. Notizen sind allerdings in jeglicher Hinsicht sinnvoll, also auch bei der Lektüre von Büchern, in die man hineinschreiben darf.

 Notizen sollten nicht eine wörtliche Wiedergabe oder eine Nacherzählung sein. Sinnvoller ist es, zentrale Stellen knapp in eigenen Worten zusammenzufassen; dabei ist es wichtig, die Angabe des Buches und der Seite nicht zu vergessen, um eventuell später zum genauen Lesen beziehungsweise Zitieren wieder nachschlagen zu können.

Der zweite Durchgang

Manchmal werden einem erst später früher gelesene Passagen klarer. Dann empfiehlt es sich, zurückzuschlagen und diese Passagen noch einmal zu lesen. Für ein wirklich intensives Lesen ist es darüber hinaus sinnvoll, nach dem ersten Durchgang den ganzen Text noch einmal diagonal und die angestrichenen Stellen genauer zu lesen. Vieles fällt einem erst beim zweiten Lesen auf oder wird in den Zusammenhängen und in der konkreten Bedeutung deutlicher.

Fragen an Texte

Gedanklich Fragen beim Lesen stellen

Die Frage des Verständnisses ist nur eine von vielen beim intensiven Lesen. Es ist sinnvoll, sich – beziehungsweise dem Text/dem Autor des Textes – beim Lesen gedanklich immer wieder Fragen wie die folgenden zu stellen:

- Was weiß ich bereits zu dem im Mittelpunkt stehenden Thema beziehungsweise zu dem Teilaspekt?
- Stimmt das von mir Gelesene damit überein, wo nicht?
- Was halte ich davon für richtig, was für verkehrt – und warum?
- Wie, also mit welcher Methode, und warum, also mittels welchen Argumentationsganges, kommt der Autor zu seinen Aussagen?
- Was bedeuten die Aussagen des Autors praktisch, wie zeigen sie sich in der Realität?

- Welche konkreten Beispiele kenne ich oder kann ich mir für die jeweilige Aussage denken?
- Was müsste jetzt im nächsten Abschnitt oder Kapitel kommen, verfolgte ich die Gedanken des Autors weiter?
- Worauf müssten die Schlussfolgerungen des Autors hinauslaufen?

Gerade mit Hilfe der letzten beiden Fragen kann man zum einen das eigene Verständnis des Gelesenen und zum anderen auch die logische Stringenz des Textes überprüfen. Nur wer sich in einen Text, in einen Gedankengang hineinversetzt, kann auch auf immanente Widersprüche und Probleme stoßen.

Was man von einem Text behalten hat, wie man seine Aussagen mit anderen Erkenntnissen oder Erfahrungen in Verbindung bringt, zeigt sich erst beim Weiterverarbeiten. Abschließende zusammenfassende Notizen helfen da weiter oder, jemandem von dem Gelesenen zu berichten. Auch das Einbringen von Einzelaussagen in Gespräche und Diskussionen fördert die Verarbeitung. Allerdings sollten Sie das maßvoll tun, denn Übertreiben und Bluffen nach dem Motto »Seht mal, was ich alles gelesen habe!« kommt in Ihrer Umgebung sicher nicht so gut an.

Vorgehensweise bei Handlungsanleitungen

Die Breite der Materialien, die in einem wirtschaftswissenschaftlichen Studium genutzt werden (müssen), ist groß. Neben »reinen« Texten wird man sich, je nach Studienschwerpunkt mehr oder weniger, mit der Darstellung von Verfahrensweisen beschäftigen. In Büchern und Aufsätzen zu Fächern wie Kostenrechnung, Controlling, Steuerlehre, Wirtschaftsinformatik, Wirtschaftsmathematik, Statistik – um einige zu nennen – geht es auch darum, den Textinhalt nachzuvollziehen sowie kritisch zu verarbeiten, und das oben zu Texten Gesagte trifft zu.

Vielfach arbeitet man diese Materialien aber durch, um am Ende ein Verfahren gelernt zu haben und anwenden zu können. Es reicht dann nicht aus, die Texte nur intensiv zu lesen, vielmehr müssen sie Schritt für Schritt nachvollziehen und man muss anhand von Beispielen und Aufgaben überprüfen, ob man den Inhalt so weit verstanden hat, dass man ihn wirklich anwenden kann.

Dem bloßen Lesen folgt Nachvollziehen und Anwenden

Bücher zu den entsprechenden Fächern enthalten vielfach Übungsaufgaben, und man ist gut beraten, diese zu bearbeiten. Mindestens sollte man im Text exemplarisch ausgeführte Beispiele aus dem Kopf abgewandelt selbst ausführen (z.B. rechnerische Aufgaben mit anderen Zahlen noch einmal rechnen). Zusätzliche Aufgabenmaterialien, Fallsammlungen usw. unterstützen diese Arbeit.

Nach dem Durcharbeiten von Fachliteratur steht deren Verwertung für das Anfertigen der wissenschaftlichen Arbeit an – zu den dafür wesentlichen wissenschaftlichen Arbeitstechniken zählen das Exzerpieren und das Ordnen. Eingebunden ist der Umgang mit Fachliteratur in die Erkenntnisse, die man aus den Lehrveranstaltungen direkt schöpft. Der vernünftige Umgang mit Lehrveranstaltungen ist deshalb der dritte Komplex, auf den im Rahmen der Arbeitstechniken im Folgenden intensiv eingegangen wird.

4.2.1 Richtig exzerpieren

Unter einem Exzerpt (lat.: excerptum = das Herausgehobene) versteht man den» ... wörtlichen oder zusammenfassenden Auszug ... zum Zwecke leichteren Lernens ...« (Wilpert, G :»Sachwörterbuch der Literatur«, Stuttgart 1989, S. 282).

 Ein Exzerpt, einem Abstraktum nicht unvergleichbar, dient also dazu, bestimmte Originalstellen oder zusammenfassende Positionen aus einem Werk per Hand oder unmittelbar im PC zu erfassen, um diese Stellen später zum Lernen oder zum Verarbeiten nutzen zu können.

Wichtiges zusammenfassen, sehr Wichtiges wörtlich herausschreiben

Das Anfertigen eines Exzerptes bietet sich fast immer bei der Beschäftigung mit einem Buch oder einem Aufsatz eines Verfassers an: Schreibt man die wesentlichen Stellen, also diejenigen, die dem eigenen Anspruch entsprechen, zusammenfassend nieder – und zitiert dabei sehr wichtige Stellen wörtlich –, vollbringt man eine gedankliche Leistung, nämlich die des besseren Verstehens des Textes; Kernaussagen und Argumentationsgang werden so in eigenen Worten gerafft aufgeschrieben, was nicht nur Konzentration verlangt, sondern auch als eine Art Lernkontrolle zu verstehen ist.

Es bietet sich an, für jedes Werk, für jeden Aufsatz ein Exzerpt anzufertigen, selbst wenn man diesen Aufsatz kopiert hat. Ein Exzerpt, sei es auch noch so kurz, ermöglicht neben den Bemerkungen und Notizen am Rande des Textes (siehe oben) ein schnelles und problemloses Nachvollziehen der wesentlichen Gedankengänge des Autors. Anzumerken bleibt, dass man gerade bei einem Exzerpt deutlich von der Position des Verfassers und seinen eigenen Kommentaren zum Text trennen muss.

Nutzung von Exzerpten

Nutzen kann man die Exzerpte zweifach: Sobald es im Rahmen der wissenschaftlichen Arbeit darum geht, den eigenen Text zusammenzustellen und mit dem konkreten Schreiben zu beginnen, erleichtern sie zum einen den dann notwendigen nochmaligen Durchgang durch den Fundus, den man gelesen hat. Zum anderen erhält man aber so auch ein Archiv übersichtlich vorbereiteten und gestrafften Lernstoffs, auf den man beim Wiederholen (insbesondere vor Prüfungen) bestens zurückgreifen kann.

AUFGABE **ZUSAMMENFASSUNG**

Exzerpieren Sie die wesentlichen Aussagen des auf Seite 49 abgedruckten Textes, zu dem Sie bereits als Übung für diagonales Lesen einen Kernsatz formuliert haben.

Ähnlich wie beim Herausarbeiten des Kernsatzes kann es hier keine einheitliche »Lösung« geben, denn was wichtig ist, hängt immer vom Blickwinkel ab, unter dem der Text gelesen und exzerpiert wird. Auch hier bietet sich an, die Übung im Team zu vollziehen, d.h., mehrere Studierende fertigen parallel ein Exzerpt an und diskutieren die Unterschiede ihrer Ergebnisse.

4.2.2 Richtig ordnen

Beherzigt man den oben dringend erteilten Rat, für alles Wichtige, das man liest, ein Exzerpt zu erstellen, wächst im Laufe der Anfertigung einer wissenschaftlichen Arbeit und erst recht im Laufe des gesamten Studiums eine beträchtliche Sammlung entsprechender Papiere bzw. Computerdateien. Sie müssen zwangsläufig geordnet aufgewahrt werden.

Wesentliches Hilfsmittel für ein solchermaßen geordnetes und ordnendes Arbeiten ist eine durchgängige Systematik. Sie kann von jedem Studierenden in dem ihm richtig und wichtig erscheinenden Umfang aufgebaut werden; wichtig ist dabei, dass die einmal gewählte, durchaus individuell gestaltbare Ordnungssystematik durchgängig beibehalten wird. In die Systematik einbezogen werden können bzw. müssen auch die Mitschriften und Unterlagen von Lehrveranstaltungen, auf die sich im Vorgriff auf den nächsten Abschnitt die folgenden Hinweise zur Ordnung der Materialien mit erstrecken:

Notwendig: durchgängige Systematik

- Eigene Mitschriften sollten datiert und nummeriert werden; so kann die Entwicklung nicht nur der eigenen Position, sondern auch des eigenen Arbeitsgangs am besten nachvollzogen werden. Wie in Abschnitt 1.2 beschrieben, ist das Ablegen dieser Mitschriften in Aktenordnern, Hängeregistraturen oder elektronisch als Datei auf dem PC, thematisch oder chronologisch gegliedert, dringend empfehlenswert. Gleiches gilt für Exzerpte.

Eigene Mitschriften

- Jeder gelesene Titel sollte sofort mit allen seinen bibliografischen Hinweisen und Angaben erfasst und notiert werden. Gemein bietet sich ein Karteikartensystem, auch ein PC-gestütztes, hierfür besonders an. Die Vorteile eines solchen Verfahrens liegen auf der Hand:
  - die rasche Möglichkeit der alphabetischen Ordnung,
  - die Möglichkeit, zwischen thematisch unterschiedlichen Bereichen zu trennen,
  - die Möglichkeit, ein übersichtliches und leicht nachvollziehbares Ordnungssystem zu entwickeln.

- Kopien sollten ebenfalls, versehen mit bibliografischen Verweisen, beispielsweise in Aktenordnern, themenbezogen abgelegt werden; man geht am besten mit ihnen um, wenn man sie mit einem Verweis auf ihren Nutzungszusammenhang (also Referat, Hausarbeit, Diplomarbeit usw.) datiert ablegt.

- Auch die gekauften Bücher sollten zu Hause in einem thematischen Zusammenhang abgestellt werden, was die Arbeit mit ihnen erleichtert.

Beispiele für Karteikarten bzw. analoge Anlage von Masken für die PC-mäßige Erfassung

---

SAMMELWERK

Name, Vorname des/der Herausgeber
Titel – Untertitel
(Originaltitel bei übersetzten Werken; Übersetzer)
Band, Auflage
Verlagsort, Verlagsname, Erscheinungsjahr
Standort in der Bibliothek

BUCH

Name, Vorname des Verfassers
Titel – Untertitel
(Originaltitel bei übersetzten Werken; Übersetzer)
Gegebenenfalls Herausgeber (der Reihe):
Name, Vorname
Band, Auflage
Verlagsort: Verlagsname, Erscheinungsjahr
Standort in der Bibliothek

ZEITSCHRIFTENAUFSATZ

Name, Vorname des Verfassers
Titel – Untertitel
(Originaltitel bei übersetzten Werken; Übersetzer)
Herausgeber: Name, Vorname
Jahrgang (Jahr), Band/Heft, Datum, Nummer,
von Seite X bis Seite Y
Standort in der Bibliothek

4.2.3 Richtig mit Lehrveranstaltungen umgehen

AUFGABE · **ZUSAMMENFASSUNG**

Beantworten Sie folgende Fragen ehrlich und stichwortartig;
lassen Sie sich für die Beantwortung ruhig einige Minuten Zeit!

1. Nach welchen Kriterien wählen Sie Lehrveranstaltungen aus?
2. Bereiten Sie Lehrveranstaltungen vor? Wenn ja, wie?
3. Wie schreiben Sie während einer Lehrveranstaltung mit?
4. Wie bereiten Sie Ihre Mitschrift auf?
5. Wie bereiten Sie eine Lehrveranstaltung nach?

Vergleichen Sie Ihre Antworten mit den nachfolgenden Hinweisen
und Tipps!

Wer kennt das nicht: Eine Pflichtveranstaltung »bringt« (vermeintlich) nichts, eine freiwillig besuchte entpuppt sich als etwas ganz anderes, als man vermutet hat. Wieder eine andere Veranstaltung ist offensichtlich wichtig, aber man schafft es nicht, den Stoff richtig zu verstehen und nachzuarbeiten. Viel Zeit, Kraft und Motivation geht zahlreichen Studierenden deshalb verloren, weil sie das vorhandene Lehrangebot nicht sinnvoll nutzen bzw. nutzen können. Das Thema ist heikel, berührt es doch direkt das Verhältnis zwischen Fachbereich bzw. Dozenten einerseits und Studierenden andererseits, das sich allerorts etwas anders darstellt und von vielen individuellen Gegebenheiten abhängt. Es gibt keine Patentrezepte, aber wir möchten einige Anregungen aus praktischer Anschauung dazu weiterreichen, und zwar wiederum (wie schon an anderer Stelle) praxisnah aus der Sicht der Studierenden.

Effizienz von Veranstaltungen

Auswahl von Lehrveranstaltungen

Entscheidende Kriterien für die Auswahl von Veranstaltungen sind, nach Bedeutsamkeit geordnet:

* Anforderungen der Studienordnung stehen bei der Auswahl der Lehrveranstaltungen ganz vorne. Diese unterscheiden sich zwar von Hochschule zu Hochschule. Alle Studienordnungen unterteilen jedoch nach Pflichtveranstaltungen und Wahlveranstaltungen. Wie der Name schon sagt, sind Pflichtveranstaltungen unausweichlich vorgeschrieben. Wahlveranstaltungen sind entweder völlig frei-

Kriterien für die Auswahl Pflicht – Wahl

willig oder die Studienordnung bietet einen Katalog, aus dem eine bestimmte Anzahl ausgewählt werden muss (sog. Wahlpflicht-bereich), was im ungünstigen Fall dazu führt, dass man letztlich manche Veranstaltung auswählen muss, in der man doch nicht freiwillig sitzt. Ob es sich nun um eine Wahl handelt, hinter der kein sprechender Zwang steht, oder ob die Wahlmöglichkeiten einge-schränkt sind:

 Man sollte überall dort, wo man eine Wahl hat, diese bedacht und sinnvoll nutzen.

Arbeitszeit
- Die schon an anderer Stelle erwähnte eigene verfügbare Arbeitska-pazität und Arbeitszeit (wiederum abhängig von sozialen und wirt-schaftlichen Lebensbedingungen, vom eigenen Arbeitsstil, Ausmaß eigener Arbeitsbereitschaft und vom eigenen Arbeitsinteresse) muss auch bei der Auswahl von Lehrveranstaltungen berücksich-tigt werden. Nichts ist schlimmer, als Veranstaltungen nur »halb« zu besuchen. Oberster Grundsatz der wissenschaftlichen Arbeit, so sollte inzwischen klar sein, muss die Ehrlichkeit sein, in diesem Fall sich selbst gegenüber.

Man sollte nur das machen, was man auch verantwortlich leisten kann.

Dies soll allerdings nicht bedeuten, dass man sich nicht anspruchs-volle Ziele setzen soll. Und um das Mindestmaß des absoluten Pflicht-pensums kommt man keinesfalls herum , d.h., wer dieses auf Grund seiner Lebensbedingungen nicht leisten kann, der muss entweder sei-ne Bedingungen verändern oder kann das Studium nicht absolvieren.

Interesse und
Motivation
- Das A und O jeglichen Studiums muss ein Höchstmaß an Interesse und Motivation sein. Unabhängig von der Qualität der Lehrenden sollte ein Studierender Interesse wie Motivation an seinem Studi-enfach aufbringen. Diese hängen auch von bisherigen Studienpro-zessen, eigenen Erfahrungen, Zielvorstellungen und Perspektiven für das Studium und für die Aneignung beruflicher Handlungskom-petenz ab.

Vorkenntnisse
- Der nächste wichtige Entscheidungspunkt sind die Vorkenntnisse, die vor allem bei aufeinander aufbauenden beziehungsweise in ei-nem sinnvollen Zusammenhang stehenden Veranstaltungen eine entscheidende Voraussetzung für den Besuch der Lehrveranstal-tung darstellen.

Man sollte keinesfalls Veranstaltungen besuchen, für die man nicht die Zeit aufbringen kann oder will, um regelmäßig teilzunehmen, sie regelmäßig vor- und nachzubereiten. Es geht nirgends nur um passives Verstehen, sondern immer auch darum, aktives Mitarbeiten und Verarbeiten zu gewährleisten. Das kann nicht ohne Motivation gehen. Hat man diese Zeit nicht, sollte man nicht halbherzig die Veranstaltung wählen, sondern erst einmal alle anderen Möglichkeiten daraufhin abklopfen, ob man sich der dahinter stehenden Verpflichtung nicht anders entledigen kann. Ob das generell möglich ist und wie, hängt im Einzelnen von der Studienordnung und der Art des Studienbetriebs ab: Geht es darum, eine konkrete Pflichtveranstaltung nachzuweisen oder muss man nur am Ende in einer Prüfung zeigen, dass man das Pensum beherrscht, das man sich auch anders gut oder sogar effizienter aneignen kann? Vorsicht ist angebracht, wenn in der Veranstaltung prüfungsrelevante Details geboten werden, die man sich nicht anderweitig erschließen kann.

Nur wenn man sich diese ansonsten verschwendete Zeit und Kraft für Wichtigeres aufspart, kann man sein Studium sinnvoll und zielgerichtet organisieren. Denn dafür, was sinnvoll und zielgerichtet ist, ist die Menge der besuchten Veranstaltungen fast überhaupt kein Maßstab – wiederum unter dem Vorbehalt, was die Studienordnung als Minimum verlangt. Das bedeutet aber auch:

- Man kann zu Beginn des Semesters erst einmal parallel in mehrere Veranstaltungen reinhören, um sich dann gezielter entscheiden zu können. Es ist besser, in der ersten und zweiten Woche zu viele in Frage kommende Veranstaltungen zu besuchen, als nachher irgendwo den Einstieg verpasst zu haben. *Veranstaltungen probehalber besuchen*
- Man sollte Veranstaltungen, die einem nichts oder nichts mehr bringen, besser abbrechen, um die gewonnene Zeit sinnvoller in andere Studienleistungen zu investieren.

Ein weiterer wichtiger Aspekt bei der Auswahl von Veranstaltungen ist, nach möglichst vielen inhaltlichen Zusammenhängen und Verbindungen zu suchen, um sich nicht so leicht zu verzetteln, um möglichst häufig Aspekte aus einer Veranstaltung auch in eine andere mit einbringen zu können. Gerade derartige Transferprozesse machen einen enormen Lerneffekt aus. Indem man sich so jeweils eigene Schwerpunkte setzt, die mehrere Veranstaltungen umfassen, wird das Studium weit intensiver, als wenn man in die verschiedensten Bereiche nur ein Semester lang und in einer Veranstaltung hineinschnuppert. Auch dieses Verhältnis von Breite und Tiefe unterliegt freilich den Begrenzungen, die durch die Studienordnung vorgegeben sind. *Inhaltliche Synergien schaffen*

Vor- und Nachbereitung von Lehrveranstaltungen

Schon vor dem Besuch einer Veranstaltung, aber auch im Laufe des Semesters immer wieder sollte man sich fragen:

Fragen an
Veranstaltungen

- Was erwarte ich von der Veranstaltung?
- Was ist mir daran besonders wichtig – und weshalb?
- Was ist mir daran voraussichtlich bereits bekannt oder unwichtig – und weshalb?
- Wie ist der Inhalt der Veranstaltung verknüpft mit Vorerfahrungen, bisherigen Studieninhalten oder dem Inhalt paralleler Veranstaltung?
- Wie kann ich, wenn meine Interessen und Vorstellungen in der Veranstaltung nur teilweise berücksichtigt werden, diese stärker zur Geltung bringen? Zu denken ist hier an entsprechende begleitende Lektüre, an ergänzende selbst organisierte Kleingruppenarbeit, an frühzeitige Übernahme von Arbeitsaufträgen, wie z.B. Referate.

Vorbereitung

Zur Vorbereitung der jeweiligen Veranstaltungssitzung sollte man

- am Tag vor der Sitzung die Nacharbeitung der letzten Sitzung noch einmal kurz durchgehen,
- für die nächste Sitzung eventuell verteilte oder zu Grunde gelegte Texte durcharbeiten,
- im Zusammenhang mit dem Thema der nächsten Sitzung stehende Texte, die man bereits früher gelesen oder erarbeitet hat, noch einmal durchsehen,
- eine eventuell im Seminar verteilte Literaturliste nutzen, um sich in der Bibliothek einen kurzen Eindruck von möglichst vielen der angegebenen Titel zu verschaffen und sich dann für die Lektüre zunächst eines dieser Texte zu entscheiden.

Notizentechnik

In der jeweiligen Veranstaltungssitzung ist es sinnvoll, sich Notizen zu machen. Man kann dazu versuchen, und dazu neigen erfahrungsgemäß viele Studierende, alles mitzuschreiben. Dies verhindert aber mit an Sicherheit grenzender Wahrscheinlichkeit das Mitdenken und das Verarbeiten von vorgetragenen Informationen, sodass davon abzuraten ist. Auch das Notieren einer Kurzskizze des Verlaufs ist, für sich allein betrachtet, wenig sinnvoll. Als Alternative bieten sich demgegenüber folgende Möglichkeiten:

- Zentrale Aussagen werdem mit eigenen Worten notiert, das heißt selbst durchdacht, aufgeschrieben, gliederungsartig als logischer Argumentationsstrang aufgebaut und mit zentralen Fragen und Gegenpositionen ergänzt (außer mit eigenen Assoziationen), dabei werden Fragen und Beispiele auf dem Rand notiert. Bei diesem Vorgehen ist die Verwendung eines Zeichensystems – wie Pfeile, Unterstreichungen, eigene Gesichtspunkte etc., ähnlich wie beim Lesen (vgl. S. X) – sehr hilfreich.

- Alle 5 bis 10 Minuten wird kurz durchdacht, was einem wichtig erschien, und das dann kurz in eigenen Worten notiert; etwas provokativ oder ironisch sei darauf hingewiesen, dass aber nicht alles wichtig ist, was Hochschullehrer sagen, und nicht alles unwichtig ist, was Studenten einbringen.
- Man kann sich auf das beschränken, was einem neu und interessant erscheint und wovon man Näheres erfahren möchte.
- Man kann sich auf dasjenige konzentrieren oder beschränken, was entweder analytisch zentral, als Schlussfolgerung zentral oder im Hinblick auf Umsetzung zentral ist.
- Man kann ergänzend oder ausschließlich in zu Grunde liegenden Texten Vermerke machen.

 Probieren Sie diese verschiedenen Wege aus, um so den günstigsten eigenen Arbeitsstil zu finden.

Zum Beispiel können viele nicht so gut gleichzeitig zuhören und mitschreiben, anderen fallen zeitsparende stichwortartige Notizen recht schwer. Nur wenn Sie verschiedene Möglichkeiten ausprobiert haben, können Sie für sich beurteilen, wie es für Sie am sinnvollsten ist mitzuschreiben.

Eigene Technik finden und erproben

Sinnvoll ist es aber in jedem Fall, sich immer wieder zu fragen: Warum mache ich mir die Notizen und warum gerade so? Denn dann wird das Notieren mit der Zeit gezielter und leichter verwertbar.

Es ist übrigens nicht der unwesentlichste Aspekt von Notizen, dass man alleine schon durch das Aufschreiben selbst formulierter Sätze mehr behält, als wenn man etwas nur hört.

Bei der Nachbereitung einer Veranstaltung ist vor allem das Folgende wichtig:

Nachbereitung

- Man arbeitet die eigenen Notizen durch, um sich den Verlauf und die allgemeinen beziehungsweise für einen selbst zentralen Aussagen wieder in Erinnerung zu rufen.
- Man denkt darüber nach, ob die eigenen Erwartungen an die Sitzung erfüllt wurden, und falls nein, warum nicht. Die eigenen Notizen sollte man so weit ergänzen und bearbeiten beziehungsweise überarbeiten (eventuell gar neu verfassen), bis man den Inhalt gut behalten kann und auch später aus den Notizen noch »schlau« werden kann. Wie viel Zeit man hierin investiert, hängt immer von der Relevanz der Sitzung und dem eigenen Anspruch ab.

- Man hebt besonders die Aspekte hervor, mit denen man sich selbst noch näher befassen möchte; zum Beispiel durch Rückgriff auf zu Grunde gelegte Texte, durch Nachsuchen in der Bibliothek, ob man in einem Buch etwas findet, und durch intensivere Lektüre.
- Man notiert im Voraus Fragen, Entwürfe und Beiträge, die die nächste Sitzung berühren, strukturieren und ergeben können.

Aktive
mündliche
Beteiligung

Viele Studierende haben Schwierigkeiten und Ängste, sich offen in Veranstaltungen einzubringen. Und die Aufforderung, doch einmal den Mund aufzumachen, hat eher den gegenteiligen Effekt.

Es gehört aber unbedingt zu den zu erwerbenden und systematisch zu trainierenden Sozialkompetenzen nicht nur für Wirtschaftsstudierende, Kommunikation zu »lernen«. Deshalb ist anzuraten, möglicherweise vorhandene Angebote des Fachbereichs zu Themen wie Moderation, Präsentation, Gesprächsführung, Vortrag, Rhetorik zu besuchen. Auch in der vorliegenden Buchreihe der Cornelsen Studien-Manuals sind dazu passende Anleitungen erschienen (vgl. die Titel von B. und G. Birker, Th. Stelzer-Rothe und Chr. Weisbach zu den genannten Themen im Literaturverzeichnis dieses Buches).

Im Sinne von praktischen Tipps aus dem Blickwinkel von Studierenden beschränken wir uns hier auf einige bewährte Anregungen, wie man sich aktive – mündliche – Mitarbeit zusätzlich erleichtern kann. Tipps, die oft funktionieren, aber nicht unbedingt systematisch aus der Psychologie abgeleitet sind und auch nicht den Anspruch tiefer gehender wissenschaftlicher Begründung erheben:

Tipps bei
Hemmungen

- Zu Anfang eines Semesters kennen sich viele Seminarteilnehmer noch nicht und sind entsprechend unsicher. Gerade wer am Anfang, manchmal auch nur, den Mund aufmacht, findet daher leicht Beachtung. Die Reaktion der anderen erleichtert es dann, Unsicherheiten immer mehr abzubauen.
- Wer erst einmal eine halbe Stunde lang nichts gesagt hat, bekommt danach immer schwerer den Mund auf. Sich vorzunehmen, in den ersten fünf oder zehn Minuten irgendetwas zu sagen, und sei es auch relativ belanglos, schafft die besten Voraussetzungen dafür, auch im weiteren Verlauf wieder etwas einzubringen. Und gerade in den ersten Minuten bieten sich besonders leicht Möglichkeiten zu kurzen und einfachen Fragen, Einwürfen oder Anregungen. Aber auch wenn man mit kleinen Äußerungen anfängt, geht später meist mehr.
- Wer gleich zu Beginn des Semesters den ersten studentischen Eigenbeitrag, beispielsweise ein Referat, übernimmt, ist in einer Rolle, sich als Erster ein Stück weit zu profilieren, wenn die Seminar-

teilnehmer sich noch wenig untereinander kennen. Letztere werden deshalb leicht als besonders kompetent angesehen und ihnen wird damit eine weitere Aktivität erleichtert.

- Allein sind Ängste meist am größten. Wenn man aber neben einem Bekannten oder Freund sitzt und mit ihm manchmal einige Worte zum Thema wechselt, selbstverständlich nicht seminarstörend, ist nicht nur das nächste »Mundaufmachen« in der Gesamtgruppe leichter, sondern man hat sich vielleicht unter vier Augen auch schon ein wenig Bestätigung für den eigenen Beitrag geholt. Nimmt man Vor- und Nachbereitung ernst, so hat man vor vielen einen gewissen Vorsprung. Man ist selbst gedanklich tiefer in die Veranstaltung eingedrungen, während andere sich vielleicht noch mühsam zurückerinnern müssen oder durch unregelmäßige Teilnahme oder zu viele verschiedene Veranstaltungen langsam die Übersicht verlieren.

Erleichtert wird das aktive Einbringen auch dann, wenn man sich durch ergänzende Lektüre oder Diskussionen zusätzliche Kompetenz angeeignet hat. Diejenigen, die für sich dabei eine fundierte Position entwickelt haben, die sich von der des Hochschullehrers oder in den der Veranstaltung zu Grunde gelegten Texten unterscheidet, haben es dabei besonders leicht. Denn Gegenpositionen lassen sich leichter einbringen und machen auch Diskussionen besonders interessant. Das ist natürlich nur in Fächern sinnvoll, wo Diskussion angesagt ist.

Selbst dann, wenn seminarbegleitende Gruppen nicht zu Stande kommen, kann es ja zu manchen Gesprächen über die Veranstaltung kommen, sei es in der Cafeteria oder unmittelbar nach der Veranstaltung. Und dabei kann sich leicht etwas zum Arbeitsstil oder zum Inhalt ergeben, das man auch leichter wieder einbringen kann.

Nicht zuletzt bewirkt es einen Abbau von Redehemmungen, wenn man frühzeitig erscheint und vor Beginn versucht, mit anderen Teilnehmern ins Gespräch zu kommen – und sei es auch über etwas völlig anderes. Dann kommt man sich aber ein wenig näher und ist sowieso gerade noch im Redefluss.

Ein letztes Beispiel, das schon sehr an Bluff grenzt, aber vielleicht auch eine interessante Erfahrung sein kann: Wenn sich zwei oder drei Teilnehmer vorher darüber absprechen, dass sie die Diskussion in eine bestimmte Richtung bringen wollen, sich dann im Raum verteilen und sich vielleicht sogar auf vorher abgesprochene Weise ihre Stichworte gegenseitig zuspielen, entsteht für alle der Eindruck, dass das gesamte Seminar das Gesagte für richtig oder wichtig hält, beziehungsweise dass es sich um sehr engagierte Studierende handelt.

Sich mit dem Umfeld arrangieren

Natürlich können das nur Anregungen dafür sein, eigene Ängste und Hemmungen abzubauen. Das gelingt am besten, wenn man sich dazu solche Schritte überlegt, die man sich hier und heute auch zutraut. Wenn man sich diese allerdings nur vornimmt und sich nicht auch konkret darauf vorbereitet und einstellt, bleibt alles dem Zufall überlassen.

AUFGABE ZUSAMMENFASSUNG

Lesetechniken
Diagonales Lesen soll einen schnellen Überblick über die wesentlichen Aussagen eines Textes ermöglichen. Nachrangige Texte werden, um Zeit zu sparen, ausschließlich diagonal gelesen.
Intensives Lesen dagegen dient der vertieften Auseinandersetzung mit einem Thema und ist für alle wichtigen Texte die unerlässliche zweite Lesephase. Je nach Thema schließt sich das schrittweise Nachvollziehen dargestellter Verfahren und das Anwenden in Aufgaben an.

Arbeitstechniken
Exzerpieren ist die gedankliche Leistung, die Position eines Autors prägnant in (am besten: eigenen) Worten zusammenzufassen.
Ordnen ist die wesentliche Hilfestellung zum planvollen und systematischen wissenschaftlichen Arbeiten.

Richtig mit **Lehrveranstaltungen** umgehen beinhaltet die intensive Vor- und Nachbereitung sowie die inhaltliche Auseinandersetzung mit dem in Lehrveranstaltungen Erfahrenen.

5 WISSENSCHAFTLICHES ARBEITEN RICHTIG PLANEN

Dieses Kapitel bezieht sich auf die Planung der Tätigkeiten, die bei der Anfertigung wissenschaftlicher Arbeiten auszuführen sind. In den meisten Fällen werden Sie aber innerhalb eines Semesters nicht nur eine Arbeit anfertigen, sondern mehrere. Und Sie müssen den dafür notwendigen Arbeitsaufwand mit Ihren laufenden Semesterverpflichtungen in Einklang klingen.

Der erste Abschnitt befasst sich deshalb zunächst mit einem grundlegenden Überblick über Zeitmanagement, das schon im Studium von Anfang an richtig und professionell betrieben werden sollte, wenn man sein Pensum schaffen, Stress reduzieren und effizient studieren möchte. Mit einem wirksamen Zeitmanagement sorgt man nicht nur dafür, dass man seine Arbeitszeit rationell nutzt, sondern zugleich auch für Freiräume, um intensives Studium und Freizeitaktivitäten miteinander vereinbaren zu können.

Im zweiten Abschnitt wird konkret aufgezeigt, wie sich ein Semesterarbeitsplan erstellen lässt, in den die Anfertigung mehrerer wissenschaftlicher Arbeiten (Referate, schriftliche Hausarbeit) und die Vorbereitung auf Klausuren eingebunden ist.

Die wesentlichen Typen von Arbeiten, die im Studium vorkommen, nämlich Protokoll, Thesenpapier, Referat/Hausarbeit, Abschlussarbeit, werden anschließend näher vorgestellt und von Tipps für die Klausurvorbereitung ergänzt.

5.1	DER KAMPF GEGEN ZEITDIEBE	68
5.2	ARBEITSPLAN UND UMSETZUNG	76
5.2.1	Das Protokoll	80
5.2.2	Das Thesenpapier	82
5.2.3	Hausarbeit	84
5.2.4	Klausur	86
5.2.5	Diplomarbeit/Abschluss	87

Zeitmanagement ist das systematische und disziplinierte Planen Ihrer Zeit mit dem Ziel, mehr Zeit für die wichtigen Dinge des Studiums zu haben. Systematische Zeitplanung kann tagtäglich erstaunlich viel Zeit gewinnen; dabei geht es aber nicht darum, beispielsweise in acht Stunden die Arbeit von zwölf Stunden zu packen und zu schaffen, sondern es geht darum, systematischer mit Ihrer Zeit umzugehen, so dass am Ende auch mehr Freiraum, nämlich für die unbedingt notwendige Erholung und Freizeit, entsteht.

 Der wesentliche Vorteil des Zeitmanagements besteht also darin, wesentliche Dinge in weniger Zeit zu schaffen; im Fokus des Zeitmanagements steht die konsequente Konzentration auf die wirklich wichtigen Dinge.

Diese sollen planvoll und systematisch angegangen werden, so dass Probleme und mögliche Hürden schon im Vorfeld, wo sie sich meist noch mit sehr viel weniger Energie und Mühe lösen lassen, gemeistert werden können.

Eine Frage sollten Sie aber vorab beantworten: Wollen Sie wirklich mehr Zeit?

Prüfen, ob man wirklich planen möchte

Auf der einen Seite werden Menschen, die unter Zeitdruck stehen, in dieser Gesellschaft als wichtig und tüchtig betrachtet und entsprechend anerkannt. Auf der anderen Seite kann es sein, dass Sie es gewohnt sind, unter Stress und auf dem »letzten Drücker« Ihre besten Leistungen zu bringen. Sie sollten sich ernsthaft fragen, ob Sie wirklich systematischer, planvoller und zeitsparender arbeiten wollen. Ansonsten könnte es ein, dass Sie sich selbst boykottieren. Und in diesem Fall helfen Ihnen dann alle Zeitspartechniken und -tipps nichts.

»Zeitfresser« ermitteln

Wenn Sie den Umgang mit Ihrer Zeit verbessern wollen, sollten Sie zuerst prüfen, wo Ihre Zeit »verschwindet«, welche »Zeitfresser« sich eingeschlichen haben, die Ihnen Zeit stehlen. Dazu empfiehlt sich eine genaue Analyse ihres Tages- und Wochenplans.

AUFGABE ZUSAMMENFASSUNG

Verschaffen Sie sich einen exakten Überblick über Ihren tatsächlichen Zeitverbrauch. Schreiben Sie eine Woche in einem Zeitprotokoll genau auf, wie viel Zeit Sie für welche Aktivitäten in Ihrem Leben verbrauchen, vom Aufstehen bis zum Schlafengehen. Das erfordert ein bisschen Disziplin, aber Sie erkennen so genau, wie viel Zeit Sie tatsächlich wofür verwenden.

TÄTIGKEITSKATEGORIE	DAUER IN MINUTEN PRO TAG							TOTAL %	ANMERKUNGEN
	Mo	Di	Mi	Do	Fr	Sa	So		
Schlafen									
Essen									
Körperpflege									
Hausarbeit									
Einkaufen									
Fahrzeiten • *beruflich* • *privat*									
Beruf / Studium • *Konzeptionell arbeiten* • *Post / E-Mail* • *Telefonieren* • *Internet* • *Besprechungen* • *Sitzungen / Vorlesungen* • *Literaturarbeit* • *...*									
Private Kontakte • *Treffen mit Freunden* • *Familienaktivitäten* • *Ehrenamtliche Aufgaben* • *Chatting im Netz* • *...*									
Sport / Bewegung									
Hobby									
Informationsaufnahme (Zeitung, Fernsehen, Radio, Internet)									
Individuelle Entspannung (Lesen, Fernsehen, Musik, Nichtstun . . .)									
Sonstiges									
SUMME								100 %	

Abb. 5.1: Zeitanalyse im Wochenbericht – Hansen, K.: »Selbst- und Zeitmanagement im Wirtschaftsstudium. Effektiv planen, effizient arbeiten und Stress bewältigen«, Berlin 2000, S. 79 (in der gleichen Buchreihe der Cornelsen Studien-Manuals erschienen wie das vorliegende Buch)

Durch eine solche Analyse verschaffen Sie sich einen Überblick über Ihr Handeln in der Zeit, um anschließend eine vernünftige Zeitplanung machen zu können. Durch die komplette Aufnahme aller Aktivitäten anhand von typischen Arbeitstagen können Sie die typische Zeitverteilung erkennen, also die Länge und die Lage von Aktivitäten, Brüche und überflüssige Zeiten. So können Sie einen für sich idealen Tagesrhythmus basteln, der möglichst wenig Brüche hat. Wichtig ist selbstverständlich die Prioritätensetzung.

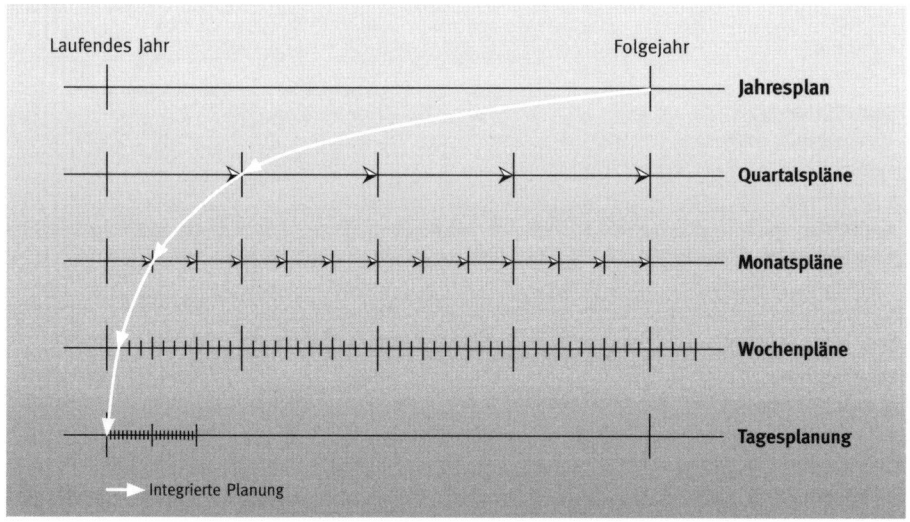

Abb. 5.2: Das Prinzip der integrierten Planung – Hansen, K.: a. a. O., S. 82.

Planung vornehmen:
Jahr
↓
Quartal
↓
Monat
↓
Woche
↓
Tag

Nachdem Sie einen Überblick über Ihre Aufgaben und über das, was Sie erreichen wollen, bekommen haben, können Sie mit der konkreten Zeitplanung beginnen. Ein grober Jahresplan, ein ausführlicherer Quartalsplan, ausführliche Monatspläne und detaillierte Wochenpläne sparen Zeit, denn eine gute Planung verringert den Aufwand für eine Aufgabe durchaus enorm. Planen Sie täglich fünf bis 15 Minuten den nächsten Tag detailliert, wöchentlich die kommende Woche, zum Monatsende den nächsten Monat.

Ihre Planungen sollten grundsätzlich schriftlich und ergebnisorientiert, unter Beantwortung der Frage, welches die wichtigsten Dinge sind, die zur Erledigung anstehen, erfolgen. Die Antworten auf diese Frage, also Ihre Aufgaben, schreiben Sie auf. Halten Sie am besten auch alle Voraussetzungen fest, die Sie für das Erledigen der jeweiligen Aufgabe brauchen; dadurch verhindern Sie, dass Ihnen möglicherweise wichtige Voraussetzungen fehlen, wenn Sie anfangen wollen, die Aufgabe zu bearbeiten.

Nicht alle Aufgaben haben aber die gleiche Wichtigkeit beziehungsweise Dringlichkeit. Deshalb ist es sinnvoll, nach Aufgabenarten zu unterscheiden. Dieses hilft besonders bei der Planung wissenschaftlichen Arbeitens, aber auch im Privatleben oder im Beruf. **Aufgabenarten unterscheiden**

Wenn Sie sich bei einer Zeitplanung hinsichtlich der Dauer einer Aufgabe verschätzen, so ist das ganz normal.

 Lernen Sie aus Ihren Schätzungen und rechnen Sie im Zweifelsfall lieber mehr Zeit ein, indem Sie Pufferzeiten einbauen.

Es kann immer wieder vorkommen, dass Sie durch wichtige, dringliche, aber auch einfach nur unwichtige und nicht dringliche Dinge von Ihrer Arbeitsaufgabe abgehalten werden. Dagegen ist manchmal kein Kraut gewachsen. Wenn Sie aber Spielraum für Unterbrechungen einplanen, können Sie gelassener auf Unterbrechungen und Störungen reagieren und geraten mit Ihren Aufgaben nicht arg in Verzug.

ZEITFAKTOR: DRINGLICHKEIT		
	Hoch	Niedrig
Hoch	*Wichtig und dringlich:* **Sofort bearbeiten** [z.B.: Lernen für die Klausur in der nächsten Woche]	*Wichtig, aber nicht dringlich:* **Terminieren und rechtzeitig vor dem Erledigungszeitpunkt fertig stellen** [z.B.: Anfertigen der Hausarbeit bis zum Ende der Semesterferien in drei Monaten]
Niedrig	*Dringlich, aber unwichtig:* **Verschieben auf einen freien Zeitpunkt** [z.B.: Aufräumen des Arbeitszimmers; erst nach der Prüfungszeit]	*Unwichtig und nicht dringlich:* **Ignorieren/in die Ferien verlegen** [z.B.: Shopping]

(Zeilenbeschriftung links: WICHTIGKEIT)

Abb. 5.3: Eisenhower-Schema zur Priorisierung (in Anlehnung an: Hansen, K.: a. a. O., S. 90)

Um Ihre Zeitplanung durchzuführen, schreiben Sie also zu jeder Aufgabe Folgendes auf:
- Was soll das gewünschte Ergebnis sein?
- Was wird alles zur Ergebniserreichung, also zur Umsetzung, gebraucht?
- Welche Wichtigkeit und Dringlichkeit messe ich diesem Ergebnis bei?
- Wann will ich mit der Umsetzung beginnen, wann soll sie beendet sein, welchen Zeitumfang glaube ich einkalkulieren zu müssen? Anfang, Ende, Dauer und Pufferzeiten notieren!

Planung regelmäßig überprüfen

Am Ende einer jeden Aufgabe, eines jeden Tages oder einer jeden Woche sollten Sie Ihre Planung überprüfen und nicht erledigte Aufgaben auf den nächsten Planungszeitraum übertragen. Es ist ungeheuer wichtig, aus den eigenen Fehlplanungen zu lernen:
- Worin liegt die Ursache einer Fehlplanung?
- Wie kann ich diese in Zukunft abstellen?
- Wie kann ich meine Planungsstrategien verbessern?

→ *Seien Sie so flexibel wie möglich, was Ihre Planung angeht. Sie sollen einen Plan nicht um seiner selbst willen erfüllen.*

Planung verschiebbar halten

Ein Plan ist lediglich eine Hilfe, eine Handlungsanleitung, was wichtig und was weniger wichtig ist und was Sie an einem Tag alles schaffen wollen. Wenn Sie Ihren Plan wegen unvorhersehbarer Dinge nicht einhalten können, müssen Sie Ihren Plan zwangsläufig ändern und Ihr Hilfsmittel wieder auf den letzten Stand bringen.

Sie sollten wiederum aber auch nicht zu großzügig sein, wenn es darum geht, Ihre Pläne wieder zu ändern. Wenn Sie dauerhaft mit Ihrer Zeitplanung in Verzug geraten, dann ist es nötig, dass Sie disziplinierter vorgehen. Überprüfen Sie in diesem Fall auch, ob Sie sich zu viel auf »einen Streich« vornehmen und ob Sie die Zeiten für Ihre Aufgaben vielleicht zu knapp planen.

Hilfsmittel für die Zeitplanung

Zeitplanbuch

Das bekannteste Hilfsmittel für Ihre Zeitplanung ist das Zeitplanbuch, also der – neudeutsch – Terminer. Er enthält neben einem Kalendarium meist auch Vordrucke für Tages- und Wochenpläne, Aufgabenlisten, Projektpläne und ähnliche nützliche Dinge und ist in vielen verschiedenen Preisklassen und Ausstattungen überall zu erwerben. Auch diverse Computerprogramme, beispielsweise Microsoft-Outlook, können bei der Zeitplanung sehr nützlich sein.

Eine gute Zeitplanung ist aber unabhängig von vorgefertigten Zeitplansystemen; ein normaler Kalender oder ein kleines Notizbuch erfüllen den Zweck auch.

Tipps und Tricks

Neben dem systematischen Planen der eigenen Zeit gibt es noch eine Reihe praktischer Tipps und Tricks, mit denen Sie Zeit sparen können.

 Tipp 1: Vermeiden Sie Unterbrechungen

Beispiel

Sebastian:»Ich kenne das: Da sitze ich konzentriert an meinem Schreibtisch und lerne fleißig für die nächste Klausur – und alle fünf Minuten kommt jemand rein, erst meine Freundin, dann ein Zimmernachbar und dann noch ein Kommilitone. Wie soll ich denn da noch lernen?«

In einer solchen Situation ist es schnell vorbei mit der Konzentration. Um wieder mit der gleichen Konzentration weiterarbeiten zu können, bedarf es einiger Minuten; auch das Hineinversetzen ins Thema, das Aufgreifen des roten Fadens wird durch Unterbrechungen erschwert. Deswegen gilt als erster Tipp: Vermeiden Sie Unterbrechungen und bleiben Sie konsequent bei einer Aufgabe. Doch wie ist das zu schaffen?

Wenn Sie jemand stört und Sie freundlich darauf hinweisen, dass Sie auf Grund einer wichtigen Aufgabe gerade keine Zeit haben, werden das die meisten Menschen verstehen. Vereinbaren Sie mit dem Störenfried gleich einen anderen Zeitpunkt, an dem Sie sich mit ihm und seinem Anliegen in aller Ruhe beschäftigen. Das verschafft Ihnen nicht nur Ruhe für den Augenblick, sondern auch ein Stück Anerkennung des anderen, der Ihre Situation sicherlich verstehen wird und Ihnen dankbar ist, dass Sie trotzdem auf sein Anliegen eingehen. *Spätere Zeitpunkte mit »Störern« vereinbaren*

Sorgen Sie vor allem dafür, dass Sie alles getan haben, um ungestört zu bleiben. Dazu zählen beispielsweise ein Schild an der Tür wie »Bitte nicht stören« und das Einschalten des Anrufbeantworters. Psychologisch betrachtet, ist es gerade die Störung von außen, häufig per Telefon, die als ja nicht von einem selbst initiierte Unterbrechung mehr als willkommen ist, uns aber aus dem Arbeitsrhythmus reißt. *Sich abschirmen*

Ruhige Orte suchen Wenn Sie auf »Nummer Sicher« gehen wollen, um nicht gestört zu werden, dann ziehen Sie sich doch einfach an einen »unbekannten« Ort zurück. Das kann die Universitätsbibliothek genauso sein wie das Arbeitszimmer eines Freundes oder einer Freundin – ein Rat, der natürlich für Situationen greift, wo Sie nicht auf die Ausstattung Ihres häuslichen Arbeitsplatzes angewiesen sind.

 Tipp 2: Planen Sie ausdrücklich »stille Stunden«

Ruhige Zeitphasen suchen Um völlig ungestört arbeiten zu können, empfiehlt sich zudem das Einplanen von so genannten »stillen Stunden«, also Zeiten, in denen Sie nichts anderes tun wollen, als ungestört zu arbeiten.

Als beste Zeit für stille Stunden gelten die frühen Morgenstunden und die Abendstunden. Wichtig ist es, diese Arbeitszeiten in den Tagesablauf mit einzuplanen, sie wie »echte« Termine zu behandeln, sie also ernst zu nehmen. Bitten Sie andere, Ihre WG-Mitbewohner/-innen, Ihren Freund, Ihre Freundin, Ihnen dabei zu helfen; lassen Sie sich in diesen Stunden, wenn möglich, abschirmen.

 Tipp 3: Nutzen Sie Ihre individuellen Leistungshochs

Jeder Mensch hat eine individuelle Leistungskurve, das heißt, er beziehungsweise sie ist zu bestimmten Tageszeiten leistungsfähiger als zu anderen. Generell lässt sich festhalten, dass die meisten Menschen ein Leistungshoch zwischen 9.00 Uhr und 12.00 Uhr haben; sie sacken dann mit ihrer Leistungsfähigkeit mittags ab und haben ein weiteres Leistungshoch am frühen Abend, ungefähr zwischen 16.00 Uhr und 20.00 Uhr, dem ein weiteres Leistungstief am späten Abend folgt. Diese Werte sollten selbstverständlich nicht verallgemeinert werden; jeder Mensch hat seine eigene, ganz individuelle Leistungskurve.

Die eigene Leistungskurve ermitteln Wichtig ist es, die eigenen Leistungshochs zu bestimmen; auch dieses lässt sich mittels einer Zeitanalyse erreichen; dort tragen Sie einfach an jedem Tag die Zeiten ein, in denen Sie sich am besten gefühlt haben – und dies über einen Zeitraum von mindestens zwei Wochen, um Unregelmäßigkeiten auszuschließen. So bekommen Sie auf einfache Weise einen Eindruck von Ihren persönlichen »Bestzeiten«, also davon, zu welchen Tageszeiten Sie in Topform sind.

Dann wird es für Sie ganz einfach: Legen Sie die wichtigen Aufgaben in Ihr Leistungshoch, die unwichtigen Arbeiten füllen Sie in die Zeiten des vermeintlichen Leistungstiefs. So erreichen Sie es, Ihr Leistungspotenzial optimal auszuschöpfen.

Tipp 4: Überschreiten Sie nicht Ihre Zeitlimits.

In Ihrer Planung setzen Sie für eine Aufgabe in der Regel ein bestimmtes Zeitkontingent zur Erledigung an – versuchen Sie, es so konsequent wie möglich einzuhalten.

Kennen Sie das: Wenn Sie wenig Zeit für eine Aufgabe hatten, haben Sie sie auch in dieser Zeit geschafft? Wenn Sie viel mehr Zeit zur Verfügung hatten, haben Sie auch mehr Zeit gebraucht. Hier scheint eine Wechselbeziehung zu bestehen.

Vorhandene Zeit wird ausgeschöpft – deshalb »realistisch knapp« planen

Dem ist in der Tat so: Meist braucht man exakt so viel Zeit, wie für die Aufgabe zur Verfügung steht. Zeitlimits unterstützen unseren Arbeitsstil und erzeugen einen weiteren positiven Nebeneffekt. Wenn man eine Aufgabe geplant hat, die einzelnen Arbeitsschritte mit einem Zeitbudget versehen hat, dann achtet man sehr diszipliniert auf deren Einhaltung, arbeitet konzentrierter und fokussierter auf die konkrete Aufgabe hin. Eine Warnung muss allerdings ausgesprochen werden: Die Zeitbudgets müssen realistisch angesetzt werden, d.h. auf Erfahrungswerten mit früheren, vergleichbaren Aufgaben beruhen, denn man darf natürlich keine »Wunder« planen.

 Tipp 5: Teilen Sie große Aufgaben in mehrere sinnvolle Teilaufgaben auf.

Finden Sie es auch manchmal schwer, sich auf alle Klausuren gleichzeitig vorzubereiten, und fragen Sie sich, wie das zu schaffen ist?

Große beziehungsweise viele zeitgleich zu erledigende Aufgaben wirken allein schon wegen ihrer Bedrohlichkeit so, als ob sie nicht zu meistern sind; häufig führt dies zu Unlust, zu Angst, sich den Aufgaben überhaupt zu stellen. Für dieses Problem gibt es nur ein Gegenmittel: Teilen Sie das Große, Unüberschaubare in viele kleine, machbare Teilaufgaben auf und erledigen Sie diese planvoll.

Kleinere Schritte schrecken weniger ab

Dazu zerlegt man die jeweilige Aufgabe in einzelne Tätigkeiten oder Teilschritte. Diese können dann, Schritt für Schritt, bis zur Gesamtzielerreichung gelöst werden.

 Tipp 6: Hören Sie auf, Aufgaben vor sich herzuschieben.

Das Problem der Angst vor dem Herangehen an Aufgaben, ähnelt dem vorangegangenen. Auch hier, beim tagelangen Vor-sich-Herschieben, kommt man unweigerlich an den Punkt, wo man die Aufgabe nicht länger aufschieben kann; dann gerät man unter unnötigen Zeitdruck und Stress, weil einem die Zeit davonläuft.

Was kann man tun?

Der erste Schritt ist der wichtigste

- Den ersten Schritt tun. Überlegen Sie, was der allererste (und sei es nur ein kleiner) Teilschritt für Ihre Aufgabe ist, und führen Sie ihn aus. Mit dessen Erledigung haben Sie das getan, was meist (psychologisch) am schwierigsten ist. Weitere Schritte ergeben sich meist automatisch, der Wagen gerät ins Rollen.

Methode der Selbstbelohnung

- Selbstbelohnung. Häufig machen wir uns an Aufgaben deshalb so ungern heran, weil wir den Sinn oder den Nutzen vermissen und an ihnen keine Freude haben. Fehlende Motivation führt dazu, dass man nicht recht vorankommt. Die Methode der Selbstbelohnung – nur für erledigte Aufgaben! – führt dazu, dass wir auch unliebsame Aufgaben in der Vorfreude auf die spätere Belohnung angehen. Dieser kleine Selbstbetrug hat große Erfolgsaussichten, aber nur, wenn man sich wirklich erst belohnt, wenn man die Aufgabe gemeistert hat (sonst wäre ja die Motivation weg) und die Selbstbelohnung wirklich ausführt. Wieder gilt das wissenschaftliche Prinzip von Transparenz und Ehrlichkeit: Belohnung vorher festlegen, sie nach erfolgreicher Arbeit auch durchführen.

5.2 ARBEITSPLAN UND UMSETZUNG

Die wichtigste Voraussetzung für ein stressfreies Arbeiten ist das zeitige Planen der zu verfassenden wissenschaftlichen Arbeiten, egal, ob Thesenpapier, Referat, Hausarbeit, Klausur oder Abschlussarbeit.

Ein solcher Arbeitsplan kann, wie im Zeitmanagement beschrieben, die wesentlichen Arbeitsschritte vorbereiten, sodass man rechtzeitig die für die erfolgreiche Umsetzung nötigen Schritte einleitet.

Beispiel

Sebastian: »Im bevorstehenden Sommersemester muss ich zwei Referate, zwei Klausuren und eine Hausarbeit schreiben.« Wie der Grobarbeitsplan von Sebastian aussehen könnte, ist in dem nebenstehenden, ausgefüllten Muster zu sehen, das die durch den Semesterverlauf an der Hochschule vorgegebenen Elemente der Planung beispielhaft berücksichtigt. Er müsste um die zahlreichen weiteren Aktivitäten des Studierenden ergänzt werden.

Voraussetzung: generelle »Machbarkeit«

Wichtig ist für die Planung von allen Ausarbeitungen, dass man die anstehenden universitären Aufgaben und Termine mit den sonstigen Dingen, die es zu erledigen gilt, verknüpft, sodass man einschätzen kann, ob in der zur Verfügung stehenden Zeit die anliegenden Arbeiten auch verantwortungsvoll vollbracht werden können.

April Woche 3	April Woche 4	Mai Woche 1	Mai Woche 2
1 Semesterbeginn	1 FH/Uni	1 FH/Uni	1 FH/Uni
2 Referatvergabe 1	2 FH/Uni	2 FH/Uni	2 Referat 1
3 Referatvergabe 2	3 FH/Uni	3 Vorbereitung R1	3 R1-Vorbereitung
4 FH/Uni	4 FH/Uni	4 FH/Uni	4 FH/Uni
5 FH/Uni	5 FH/Uni	5 Vorbereitung R1	5 Vorbereitung R1
6 Nachbereitung	6 Nachbereitung	6 Vorbereitung R1	6 Nachbereitung
7 Erste Gedanken, Literatursuche R1/R2	7 Vorbereitung R1	7 Vorbereitung R1	7 Erholung

Mai Woche 3	Mai Woche 4	Juni Woche 1	Juni Woche 2
1 FH/Uni	1 FH/Uni	1 FH/Uni	1 FH/Uni
2 FH/Uni	2 FH/Uni	2 FH/Uni	2 FH/Uni
3 FH/Uni	3 FH/Uni	3 FH/Uni	3 FH/Uni
4 FH/Uni	4 FH/Uni	4 FH/Uni	4 FH/Uni
5 FH/Uni	5 FH/Uni	5 FH/Uni	5 FH/Uni
6 Nachbereitung	6 Nachbereitung	6 Nachbereitung Klausurenlernen	6 Nachbereitung Klausurenlernen
7 Vorbereitung R2	7 Vorbereitung R2	7 Vorbereitung R2	7 Vorbereitung R2

Juni Woche 3	Juni Woche 4	Juli Woche 1	Juli Woche 2
1 FH/Uni	1 FH/Uni	1 FH/Uni	1 Klausurenlernen
2 FH/Uni	2 FH/Uni	2 FH/Uni	2 Klausurenlernen
3 Referat 2	3 FH/Uni	3 FH/Uni	3 Klausurenlernen
4 FH/Uni	4 FH/Uni	4 FH/Uni	4 Klausurenlernen
5 FH/Uni	5 FH/Uni	5 Klausur 1 Vorlesungsende	5 Klausur 2
6 Nachbereitung Klausurenlernen	6 Nachbereitung Klausurenlernen	6 Nachbereitung Klausurenlernen	6 Erholung
7 Nachbereitung Klausurenlernen	7 Nachbereitung Klausurenlernen	7 Nachbereitung Klausurenlernen	7 Erholung

Juli Woche 3	Juli Woche 4...	... August Woche 3	August Woche 4
1 Nachbereitung Semester	1 Hausarbeit ...		1 Hausarbeit
2 Nachbereitung Semester	*in dieser Zeit eine Woche Pause*		2 Drucken der Hausarbeit
3 Nachbereitung Semester	...		3 Puffer
4 Nachbereitung Semester			4 Puffer
5 Nachbereitung Semester			5 Abgabe Hausarbeit
6 Erholung		...	6 Erholung
7 Erholung		7 Hausarbeit	7 Erholung

Hier finden Sie ein Leerformular, das Sie als Planungsgrundlage für Ihre nächste Semestervorbereitung nutzen können. Kopieren Sie es und versuchen Sie in die Planung so früh wie möglich einzusteigen.

Semesterwoche 1	Semesterwoche 2
1	1
2	2
3	3
4	4
5	5
6	6
7	7

Semesterwoche 5	Semesterwoche 6
1	1
2	2
3	3
4	4
5	5
6	6
7	7

Semesterwoche 9	Semesterwoche 10
1	1
2	2
3	3
4	4
5	5
6	6
7	7

Semesterwoche 13	Semesterwoche 14
1	1
2	2
3	3
4	4
5	5
6	6
7	7

Semesterwoche 3	Semesterwoche 4
1	1
2	2
3	3
4	4
5	5
6	6
7	7

Semesterwoche 7	Semesterwoche 8
1	1
2	2
3	3
4	4
5	5
6	6
7	7

Semesterwoche 11	Semesterwoche 12
1	1
2	2
3	3
4	4
5	5
6	6
7	7

Semesterwoche 15	Wochen nach dem Semester
1	1
2	2
3	3
4	4
5	5
6	6
7	7

5.2.1 Das Protokoll

An der Hochschule zu schreibende Protokolle unterscheiden sich formal nicht von denen, die anderwärtig anzufertigen sind und die Sie schon (hoffentlich) als Stundenprotokoll aus der Schule oder als Sitzungsprotokoll einer Vereinsversammlung kennen.

 Ein Protokoll ist eine Mitschrift, an der Hochschule beispielsweise aus einer Seminarstunde.

Protokolle braucht man in Studium und Beruf

Nicht nur für das Studium selbst, sondern auch für den späteren Beruf ist es wichtig, die allgemein gültigen Konventionen für Protokolle zu kennen, denn das Anfertigen von Protokollen gehört zu den häufig auftretenden Aufgaben. In jedem Unternehmen und jeder Dienststelle werden Besprechungen, Teamsitzungen, Verhandlungen, Mitarbeiterversammlungen etc. protokollarisch festgehalten. Anders als bei der persönlichen Mitschrift einer Veranstaltung kommt es dabei darauf an, das festzuhalten, was »offiziell« als wichtig gilt. Der Inhalt eines Protokolls darf nicht davon abhängen, wer es geschrieben hat. Zunächst gilt grundsätzlich:

 Protokolle werden gemeinhin in Verlaufs- und Ergebnisprotokolle unterteilt.

Verlaufsprotokoll = ausführlicher

Das Verlaufsprotokoll gibt Auskunft über den genauen Ablauf der betreffenden Veranstaltung, an der Hochschule in der Regel ein Seminar oder eine Übung. Wesentliche Diskussionsbeiträge werden, unter Angabe des Diskutanten, in prägnanter und präziser Form festgehalten. Für die Wiedergabe einer Diskussionsposition bietet sich vorrangig der Konjunktiv an, um zu kennzeichnen, dass es sich hier um eine Darstellung der Position eines anderen handelt.

Geben der Sitzungsleiter oder einzelne Diskutanten Literaturangaben oder weiterführende Hinweise, muss der Protokollant sie überprüfen und ins Protokoll aufnehmen. Findet er Fehler oder gibt es Abweichungen oder erweitert er sie, muss er sie technisch ergänzen bzw. die Veränderungen (zum Beispiel durch Kommentar in eckigen Klammern) kenntlich machen.

Definitionen, Begriffsbestimmungen, wesentliche Vereinbarungen, Ergebnisse werden zudem – falls möglich – wörtlich festgehalten. Eigene Positionen, Meinungen, Kommentierungen führt der Protokollant, so dieses nicht ausdrücklich gefordert ist, nicht durch.

Ergebnisprotokoll

Das Ergebnis-, auch Beschlussprotokoll genannt, ist dagegen viel kürzer und knapper. Es beschränkt sich, nomen est omen, auf die wesentlichen Festlegungen, Beschlüsse; eigene Positionen, Meinungen, Kommentierungen führt der Protokollant, so dieses nicht ausdrücklich seine Aufgabe ist, nicht durch.

Beispiel

Hier ein Ergebnisprotokoll eines Studierenden, das als Beispiel dienen kann:

Ruhr-Universität Bochum   Protokollmuster
Fakultät für Wirtschaftswissenschaften
Dozent: Prof. Dr. H. Müller
Hauptseminar: Entwicklung des Welthandels – WS 20../20..
Protokollant: K. Meyer

Protokoll der Seminarsitzung vom ... (konkretes Datum)

1. Herr Prof. Dr. H. Müller begrüßt alle Studierenden und leitet zum Thema der Sitzung, der Geschichte und der gegenwärtigen Rolle des GATT, über.
2. In den ersten 25 Minuten der Seminarsitzung hält M. Kaufmann ein Referat zum Thema der Sitzung. Das Thesenpapier ist dem Protokoll beigefügt.
3. Anschließend wird den Studierenden die Möglichkeit zu Verständnisfragen gegeben; hiervon wird kein Gebrauch gemacht.
4. In den nächsten 45 Minuten entbrennt eine lebhafte Diskussion über das GATT; die Diskussion kreist um folgende Stichpunkte:
   – Imperialismus vs Freihandel
   – Die Rolle der WTO: Multilaterale Trutzburg gegen Neoprotektionismus oder kalter Hort der Massenarbeitslosigkeit und Entfremdung produzierenden Globalisierung?
   – Freier Welthandel als Entwicklungschance für arme Länder?
   – Sozial- und Umweltdumping als natürliche Folge des Welthandels?
   – Welthandel der Zukunft: Macht- oder Regelorientierung?
5. Abschließend bedankt sich Prof. Dr. H. Müller bei allen Studierenden für die lebhafte Diskussion und bittet darum, als Nachbereitung der Sitzung folgenden Aufsatz zu lesen:
   Oppermann, T./Beise, M.: »Die neue Welthandelsorganisation – ein stabiles Regelwerk für weltweiten Freihandel?«, in: Europa-Archiv, Folge 7/1994, S. 195–202.

5.2.2 Das Thesenpapier

 Ein Thesenpapier stellt die präzise Darstellung, meist auf einer oder zwei Seiten, der Arbeitsergebnisse einer wissenschaftlichen Untersuchung dar.

Thesenpapier ist eine Kurzfassung

Ein Thesenpapier ist also ganz allgemein die – in Thesen gefasste – Kurzfassung einer (längeren) wissenschaftlichen Abhandlung. Dies kann eine eigene Arbeit sein, wie es typischerweise im Studium der Fall ist, wenn an die Teilnehmer eines Seminars Themen verteilt werden, zu denen sie als Ergebnis ein Thesenpapier abliefern sollen. Es handelt sich dann um die »Kurzfassung« einer (noch) nicht bis ins Detail ausgearbeiten wissenschaftlichen Arbeit. Auf der gegenüberliegenden Seite ist ein Beispiel für den modellhaften Aufbau eines solchen Thesenpapiers abgedruckt.

In andern Fällen besteht die Aufgabe darin, eine fremde wissenschaftliche oder sonstige Arbeit in einem Themenpapier kommentiert zusammenzufassen. Grundlage kann ein längerer Zeitschriftenaufsatz bzw. eine -serie, ein Buch, ein Forschungsbericht, ein Gutachten oder zum Beispiel auch eine Gesetzesvorlage, etwa zur Steuerreform, sein.

 In jedem Fall geht es bei der Erstellung eines Thesenpapiers erstens darum, eine Kurzfassung zum Thema zu liefern, und zweitens darum, die wesentlichen Aussagen herauszuarbeiten, zu kategorisieren und ihre innere Logik (oder auch ihre Widersprüche) deutlich werden zu lassen.

Stichwortartig gestalten

Ein Thesenpapier kann stichwortartig oder auch in, dann allerdings ebenso knappen wie präzisen, Sätzen formuliert sein. Es soll anderen Studierenden adäquat zeigen, zu welchen Arbeitsergebnissen man wie gelangt ist.

Vorbereitung nicht unterschätzen

Dass als Endergebnis eine Kurzfassung erwartet wird, darf nicht darüber hinwegtäuschen, dass die Vorbereitung breit und gründlich erfolgen muss. Es geht auch hier darum, ein Thema rundum zu bearbeiten und sich so weit damit zu befassen, dass man in der Lage ist, das Wesentliche benennen und darstellen zu können. Der Unterschied zum Referat oder zur Hausarbeit liegt nicht in der Vorbereitung, sondern in der Ausarbeitung. Beim Referat trägt man ausführlich vor, bei der Hausarbeit (siehe folgender Abschnitt) arbeitet man das Thema breiter schriftlich aus. Das Thesenpapier ist entweder eine Vorstufe oder die knappe schriftliche Unterlage, z.B. parallel zum Referat.

Modellhafter Aufbau eines Thesenpapiers

Ruhr-Universität Bochum
Fakultät für Wirtschaftswissenschaften
Dozent: Prof. Dr. H. Müller
Hauptseminar: Entwicklung des Welthandels – WS 20../20..
Referent: K. Mayer
Thema: Die Geschichte des GATT – ... *(konkretes Datum der Sitzung)*

Einführung:
(...)
Darlegung der genauen Themenstellung, des Ziels der wissenschaftlichen Untersuchung

Entwicklungsphasen des GATT:
(...)
Darstellung der verschiedenen Entwicklungsphasen, übersichtlich gegliedert, mit herausgehobenen Schlagworten gekennzeichnet

Verschiedene Positionen zur Entwicklung des GATT:
(...)
Vorstellung verschiedener, gegeneinander stehender, begründeter Positionen zum GATT

Diskussion der Entwicklung des GATT:
(...)
Eigenständiges Abwägen der einzelnen Positionen, Aufbau eines Argumentationszusammenhangs, der zu Thesen führen kann

Fazit:
(...)
Zusammenfassung des wesentlichen Ergebnisses

Literaturhinweise:
(...)
Die wesentliche Standardliteratur sollte aufgelistet sein, sodass ein anderer Studierender, der das Thema behandeln will, einen qualifizierten Einstieg findet. Auch zu den einzelnen Positionen, die benannt werden, sind die Quellen aufzuführen.

5.2.3 Hausarbeit

Umfang variabel =
man muss sich
erkundigen

Eine Hausarbeit stellt in aller Regel die genauere und ausführlichere Ausarbeitung eines Thesenpapiers dar. Der erwartete Umfang schwankt von Fachbereich zu Fachbereich und wird möglicherweise sogar von einzelnen Dozenten festgelegt. Dabei gibt es oftmals auch Vorschriften zur Form (vergleiche Abschnitt 6.5), sodass Seite nicht gleich Seite bedeutet.

 Erkundigen Sie sich gleich zu Anfang Ihres Studiums nach den Regeln für Hausarbeiten an Ihrem Fachbereich bzw. bei Ihren Dozenten. Vielfach gibt es dazu Merkblätter oder die Regeln sind als Download im Netz zu finden.

Typische Anforderungen

Als ganz grobe Faustregel kann man von 20 Seiten ausgehen. Zur Sache wird erwartet, dass man unter Beachtung der äußeren Form wie inhaltlicher Gesichtspunkte, eine Argumentation so entwickelt, dass deutlich wird,

- welche eigenständigen Gedanken man im Laufe der Argumentation entwickelt hat,
- welche Positionen man wiedergegeben und kritisch diskutiert hat,
- welche Literatur man eigenständig über die vom Dozenten vorgegebene Grundlage recherchiert und einbezogen hat.

Auch zu Art und Umfang dieser heranzuziehenden Literatur kann es konkrete Vorschriften am Fachbereich geben.

Im Folgenden ist ein Beispiel abgedruckt, das modellhaft Orientierung zu Einzelheiten bietet.

Beispiel

Titelseite:
- Angabe der wesentlichen Daten zur Hausarbeit
  (*unbedingt im Einzelnen Vorschriften des Fachbereichs beachten*)

Hochschule/Ort:	**Ruhr-Universität Bochum**
Fakultät:	*Fakultät für Wirtschaftswissenschaften*
Dozent:	Prof. Dr. H. Müller
Hauptseminar:	Entwicklung des Welthandels
Semester:	Wintersemester 20../20..
Thema:	Die Geschichte des GATT
Referent:	K. Mayer (einschließlich Adresse, Studienfachangabe und Semesterzahl)

Seite 1:
- Inhaltsverzeichnis: Darstellung der Gliederung der Arbeit mit Seitenzahlen

Seiten 2–3:
- Ausführliche Darstellung des Themas, eingebettet in einen übergeordneten Zusammenhang, des Ziels der Arbeit, der Methodik der Arbeit und des kommenden Argumentationsablaufs.

Seiten 4–10:
- Darlegung (Wiedergabe) der wesentlichen Entwicklungsphasen des GATT, in einer sinnvollen, also beispielsweise chronologischen, Reihenfolge.

Seiten 11–15:
- Vorstellung verschiedener, gegeneinander stehender, begründeter Positionen zum GATT, die sich auf die zuvor dargelegte Entwicklung beziehen und diese interpretieren.
  Wichtig: Bei der Wiedergabe von Positionen Dritter wird, so man nicht wörtlich zitiert, der Konjunktiv gebraucht.

Seiten 16–19:
- Selbstständiges Abwägen der einzelnen Positionen; Aufbau einer eigenständigen Argumentation, an deren Ende eine eigene Position zum Thema steht, die beispielsweise auch eine im vorherigen Teil erweitern beziehungsweise ergänzen kann.

Seiten 20–21:
- Fazit: Zusammenfassung des wesentlichen Ergebnisse der vorgelegten Arbeit.

Seiten 22–23:
- Literaturhinweise: Sämtliche benutzte Quellen sollen aufgelistet sein; das Literaturverzeichnis sollte deutlich über die Literaturvorgaben des Dozenten hinausgehen (ggf. vorhandene Vorschriften beachten)

Das Beispiel macht noch einmal sehr anschaulich: Im Vergleich zum Thesenpapier wird also in einer Hausarbeit das behandelte Thema ausführlicher, spezieller und abwägender behandelt.

5.2.4 Klausur

Klausuren stellen keine »wissenschaftliche Arbeit« im Sinn der bisher in diesem Kapitel vorstellten Formen dar.

 In einer Klausur haben Studierende einen begrenzten Zeitraum zur Verfügung, meist eine bis vier Stunden, innerhalb dessen sie eine vorgegebene Aufgabenstellung (oder mehrere) unter Aufsicht und handschriftlich bearbeiten müssen.

Mögliche Anforderungen Gemeinhin werden in Klausuren des Grundstudiums eher reproduktive Aufgaben gestellt, also Prüfungswissen abgefragt, während mit Fortschreiten des Studiums kritisch-eigenständige Leistungen in den Vordergrund rücken. Vielfach werden auch Aufgaben gestellt, die rechnerisch zu lösen sind, was naturgemäß in Fächern wie Rechnungswesen, Wirtschaftsmathematik und -statistik der Fall ist. Beispielsweise in Steuerlehre oder Wirtschaftsrecht wird ggf. die Bearbeitung von Fallbeispielen verlangt. Sie sind in jedem Fall gut beraten, sich so früh wie möglich um Einblick in frühere Klausuraufgaben zu bemühen (die vielfach von Dozenten selbst oder von der Fachschaft zugänglich gemacht werden) und die Ihnen zeigen, worauf Sie sich einstellen und vorbereiten müssen. Besondere Aufmerksamkeit verdienen die aufsatzartigen Klausuren der späteren Studienabschnitte.

 Bei aufsatzartigen Klausuren empfiehlt sich ein strukturiertes Vorgehen: Vor dem Schreiben sollte eine Gliederung/Struktur entwickelt werden.

Daran kann man sich nicht nur selbst orientieren, sondern auch der Korrektor. Ihm zeigt geordnete Vorgehen zeigt, dass Sie der Beantwortung der Fragestellung gewachsen sind und sich nicht verzetteln.

Grundschema von Lösungen

Die klassische Struktur sieht wie folgt aus:
1. Gliederung des eigenen Vorgehens
2. Einleitung: Vorstellung des Themas, abgrenzen
3. Hauptteil:
   - Erklärung des Themas
   - Begründung, verschiedene Positionen
   - Gegensätze zwischen diesen Positionen, Diskussion
   - Entwicklung einer eigenen Position mittels Vergleichen, Beispielen, Zeugnissen etc.
4. Schluss: Ergebnis der Diskussion, Zusammenfassung der wesentlichen Ergebnisse

5.2.5 Diplom-/Abschlussarbeit

Die Abschlussarbeit stellt die größte während des Studiums zu erbringende eigenständige wissenschaftliche Leistung dar; sie soll am Ende des Studiums davon Zeugnis ablegen, dass während des Studiums das notwendige Rüstzeug für das eigenständige wissenschaftliche Arbeiten erlangt wurde. Dies gilt gleichermaßen für Bachelor-, Diplom- oder Masterabschlüsse. Eine Dissertation reicht darüber hinaus, beinhaltet zusätzlich ein eigenständiges Forschungsergebnis und obliegt differenzierten und strengeren Maßstäben. Die in diesem Abschnitt gegebenen Hinweise gelten dafür zwar grundlegend, aber dieser Abschnitt wendet sich nicht (mehr) an Promovierende.

Nachweis, dass man wissenschaftlich arbeiten kann

Analog zu Hausarbeiten (vgl. Abschnitt 5.2.3) erlassen die Fachbereiche verbindliche formale Vorschriften zur Anlage von Abschlussarbeiten und geben oft Empfehlungen für die sachliche Strukturierung. Deshalb gilt auch hier:

Formale Vorschriften ...

 Informieren Sie sich rechtzeitig darüber, welche Anforderungen Ihre Abschlussarbeit gemäß den Regelungen des Fachbereichs erfüllen muss.

Sie müssen dies noch ernster nehmen als bei Hausarbeiten, weil formale Mängel im schlimmsten Fall dazu führen können, dass Sie das Prüfungsverfahren trotz guter inhaltlicher Leistungen nicht positiv abschließen können.

... unbedingt beachten

Zu den Eckdaten kann – als wiederum sehr grobe Faustregel – gelten: Für eine Abschlussarbeit stehen einige Monate Zeit zur Verfügung, die Spanne reicht durchaus von zwei bis zu zwölf Monaten, typisch sind vier oder sechs. Der erwartete Umfang schwankt ebenfalls, meist sind es um 100 bis 120 Seiten.

Dauer

Umfang

In ihrer Arbeit sollen die Studierenden darlegen, dass sie sowohl den formalen Anforderungen an eine wissenschaftliche Arbeit (also Zitieren, Wiedergabe, Argumentationsaufbau, Literaturrecherche usw.) gewachsen sind als auch den inhaltlichen Eigenschaften. Diese hängen von der Art des Themas ab (vgl. Kapitel 2), wie zum Beispiel die Fähigkeit zur Literaturauswertung, zu Entwicklung, Begründung und kritischer Diskussion von Thesen oder zum Beispiel der Erfolg versprechenden Anwendung von Verfahren.

Generelle Anforderungen

Erinnern Sie sich bitte noch unter einem weiteren Aspekt an das Kapitel 2:

 Beachten Sie bei der konkreten Themenwahl »strategische« Gesichtspunkte.

Sie sollen bei Ihrer Abschlussarbeit exemplarisch zeigen, dass Sie wissenschaftliches Arbeiten gelernt haben, und Sie suchen dafür am besten ein Thema aus, bei dem Ihnen das auch gut gelingen kann. Wenn sich dies dann noch mit späteren beruflichen Interessen verbindet, ist es umso besser.

Beispiel: Aufbau einer Abschlussarbeit

Titelseite:
Angabe der wesentlichen Daten zur Abschlussarbeit (wie ausgeführt, verlangen die Prüfungsämter meist genormte Titelseiten und vergeben Musterblätter, vgl. Anhang)

Hochschulort:	Ruhr-Universität Bochum
Fakultät:	Fakultät für Wirtschaftswissenschaften
Betreuer:	Prof. Dr. H. Müller
Semester:	Wintersemester 20../20..
Art der Arbeit:	Abschlussarbeit zur Erlangung des Diplomgrades
Thema:	Die Geschichte des GATT
vorgelegt von:	K. Mayer (einschließlich Adresse, Studienfachangabe und Semesterzahl)

Seite 1–3:
Inhaltsverzeichnis: Darstellung der Gliederung der Arbeit mit Seitenzahlen

Seiten 4–15:
Ausführliche Darstellung des Themas, eingebettet in einen übergeordneten Zusammenhang, des Ziels der Arbeit, der Methodik der Arbeit und des kommenden Argumentationsablaufs

Seiten 16–40:
Darlegung (Wiedergabe) der wesentlichen Entwicklungsphasen des GATT, in einer sinnvollen, also beispielsweise chronologischen Reihenfolge

Seiten 41–65:
Vorstellung verschiedener gegeneinander stehender, begründeter Positionen zum GATT, die sich auf die zuvor dargelegte Entwicklung beziehen und diese interpretieren
Wichtig: Bei der Wiedergabe von Positionen Dritter wird, so man nicht wörtlich zitiert, der Konjunktiv gebraucht.

Seiten 66–85:
Selbstständiges Abwägen der einzelnen Positionen; Aufbau einer eigenständigen Argumentation, an deren Ende eine eigene Position zum Thema steht, die beispielsweise auch eine Position im vorherigen Teil erweitern beziehungsweise ergänzen kann.

Seiten 86–93:
Fazit: Zusammenfassung des wesentlichen Ergebnisse der vorgelegten Arbeit.

Seiten 94–100:
Literaturhinweise: Sämtliche benutzten Quellen sollen aufgelistet sein; das Literaturverzeichnis sollte deutlich über die Literaturvorgaben des Dozenten hinausgehen.
Sofern dafür nicht eine andere Stelle vorgeschrieben wird, schließt die Arbeit nach dem Literaturverzeichnis mit einer Versicherung, dass der Studierende sie selbstständig ohne fremde Hilfe und mit den genannten Quellen und Hilfsmitteln angefertigt hat.

Der an diesem Beispiel dargelegte grundlegende Aufbau kann sinngemäß auf andere Themenkategorien übertragen werden. Die einleitenden Teile und die abschließenden Teile (Fazit, Literatur) gelten praktisch immer, die Mittelteile stellen sich entsprechend anders dar.

Andere
Themenkategorien

Wer beispielsweise an einer FH über die Einführung von Controllingsystemen in KMUs (kleine und mittlere Unternehmen) oder über den Entwurf eines Online-Marketingkonzepts für Unternehmen bestimmter Größen einer bestimmten Branche diplomiert – und dies ggf. durch Mitbetreuung seitens eines Unternehmens –, wird in seiner Arbeit im Wesentlichen drei Innenteile zu leisten haben: den Überlick über die Anforderungen und Bedingungen entsprechender Unternehmen, den Überblick über die in Frage kommenden Controlling- oder Marketingkonzepte und die begründete Auswahl, Ableitung und Spezifizierung konkreter Konzepte für die Unternehmensgegebenheiten. Die Inhaltsteile nach dem Muster obigen Beispiels stellen sich, um beim Beispiel Controlling zu bleiben, wie folgt dar:

- (Seiten 1–3): Inhaltsverzeichnis
- (Seiten 4–15): Ausführliche Darstellung des Themas; Beschreibung und Begründung des Trends, warum Controlling zunehmend in Unternehmen der betrachteten Kategorien vordringt, und wo die Probleme dabei liegen.
- (Seiten 16–40): Anforderungen von Unternehmen der betrachteten Kategorien an ein Controllingsystem.

Beispiel:
praktische Arbeit

- (Seiten 41–65): Darstellung der Elemente konkreter Controllingmodelle, die für KMUs besondern tauglich sind.
- (Seiten 66–85): Beschreibung notwendiger Adaptions- und Implementationsaktivitäten (Pflichtenheft)
- (Seiten 86–93): Fazit – Zusammenfassung der wesentlichen Ergebnisse der vorgelegten Arbeit
- (Seiten 94 ff., beispielsweise bis Seite 110): Literaturhinweise, darin herausgehoben mögliche Fallstudien zur Einführung analoger Systeme in vergleichbaren Unternehmenskategorien; Kurzdarstellung wichtiger Controllingstrukturen, auf die die Arbeit Bezug nimmt und ohne deren Kenntnis sie nicht verständlich ist.

AUFGABE ZUSAMMENFASSUNG

Zeitplanung:
- Die eigenen Gewohnheiten analysieren, realistischen Zeitbedarf ermitteln, daraus straffe, aber machbare Arbeitspläne entwickeln. Passende Umfeldbedingungen schaffen (Störungen vermeiden).

Protokolle schreiben:
- Beachten, dass Protokolle »objektive« Mitschriften sind. Zwischen Ergebnis- und Beschlussprotokollen unterscheiden.

Thesenpapiere erarbeiten:
- Thesenpapiere erfordern gründliche Vorbereitung und sind lediglich Kurzfassungen auf der Darstellungsseite. Sie müssen die Logik eines Themas klar erkennen lassen.

Hausarbeiten und Abschlussarbeiten:
- Aus einem in der Darstellung detailliert ausgearbeiteten Thesenpapier entsteht eine Hausarbeit. Sie gibt alle wesentlichen Positionen wieder und lässt eigene Gedanken erkennen.
- Das gilt auch für die Abschlussarbeit, sie ist die größte eigenständig im Studium erbrachte wissenschaftliche Leistung.
- Für beide gibt es formale Regeln (des Fachbereichs), die unbedingt in Erfahrung zu bringen und zu beachten sind.

Klausuren:
- Klausuren ermitteln anhand von Aufgaben Kenntnisse und Fähigkeiten – anfangs reproduktiv (Stoffabfrage), später im Studienverlauf fordern sie kritisch-eigenständige Leistungen (»aufsatzartig«).

6   DIE AUFBEREITUNG DER ARBEITSERGEBNISSE

Das Material ist beschafft und ausgewertet, zahlreiche Exzerpte sind geschrieben, die Gliederung der Arbeit wurde mit dem Dozenten im Wesentlichen besprochen. Jetzt geht es ans Schreiben. Was tun, wenn der erste Gedanke nichts aufs Papier will? Hat die Technik des kreativen Schreibens über diese erste Hürde hinweggeholfen, muss die Gliederung verfeinert und nummeriert werden. Und dann geht es in die Detailarbeit – Schreiben und Korrigieren, das anfangs gewählte „Wir" passt ab einer Stelle nicht mehr und sollte zu einem „Man" werden, zahlreiche lange Zitate scheinen zu schwerfällig und sollten besser indirekt formuliert werden. Und müssen wirklich immer die langen Titel der Originalquellen jedes Mal vollständig aufgeführt werden? Wie wird das Literaturverzeichnis zusammengestellt?

Das vorliegende Kapitel fasst das Wesentliche vom »Handwerk« des wissenschaftlichen Schreibens zusammen.

6.1	METHODE DES KREATIVEN SCHREIBENS	92
6.2	DER AUFBAU DES TEXTES	93
6.2.1	Formale Gliederung	94
6.2.2	Grundlegende Teile des Textes	97
6.3	RICHTIG ZITIEREN	103
6.3.1	Zum Umgang mit Zitaten	104
6.3.2	Die Zitiertechnik	107
6.4	DAS LITERATURVERZEICHNIS	113
6.5	TEXTANHÄNGE	115
6.5.1	Exkurse	115
6.5.2	Anhänge	116
6.5.3	Glossar	116
6.6	SCHRIFTBILD, TEXTGESTALTUNG, ABBILDUNGEN	117

Beispiel

Sebastian: »Jetzt kann es ja endlich losgehen mit dem Schreiben ...
Aber wie fange ich an, und wo? Mir fällt nichts so recht ein ...«
Vielleicht kennen Sie die hier angerissene Situation – eigentlich haben
Sie, vor allem, wenn Sie den bisherigen Kapiteln dieses Buches gefolgt
sind, hinreichend Material präpariert und schon eine ganz gute Gliede-
rung im Kopf, aber der erste Satz will partout nicht aufs Papier.

In eine solche »Schreibkrise« zu geraten, das passiert nicht nur Anfän-
gern: Auch erfahrene Schreiber wissen manchmal nicht so recht, wie
und wo sie loslegen sollen. An dieser Stelle hilft meist kein Zwang zur
Systematik, sondern nur der »Umweg« über eine Kreativitätstechnik.

 *Steigen Sie assoziativ in Ihr Thema ein und systematisieren
Sie erst später in einem ordnenden Durchgang die so gewonnen Texte so, wie dies für die wissenschaftliche Arbeit erforderlich ist.*

Eine dazu schnell erlernbare und selbst leicht durchführbare Methode,
die Schreibblockaden zu überwinden und neue Ideen zu finden, ist die
des kreativen Schreibens.

Basis des kreativen Schreibens ist Brainstorming

Die Basis für das kreative Schreiben bildet das Brainstorming. Auch
beim Schreiben geht es im Wesentlichen darum, einen freien und un-
gehemmten Fluss von Ideen zu erreichen. Allerdings können Sie das
kreative Schreiben besonders gut allein durchführen:

- Nehmen Sie sich zuerst einige Blätter Papier und schreiben Ihre Fra-
ge- oder Problemstellung auf.
- Als Nächstes schreiben Sie alles, wirklich alles auf, was Ihnen zu
Ihrem Problem oder Ihrer Fragestellung einfällt. Zensieren Sie sich
nicht, schreiben Sie, wie es Ihnen gerade in den Sinn kommt.
- Versuchen Sie immer weiterzuschreiben, also im Fluss zu bleiben
und viele Ideen zu produzieren – unabhängig von deren Qualität.
- Wenn Ihnen nichts Neues mehr einfällt, schreiben Sie entweder eine schon aufgeschriebene Idee um oder assoziieren freie Begriffe
zum Thema. Wichtig ist, dass Sie im Fluss bleiben und mit Tempo
weitermachen.
- Produzieren Sie Idee um Idee – völlig unabhängig davon, wie realistisch oder hilfreich diese im weiteren Arbeitsprozess sein können. Lassen Sie sich von diesen Ideen wiederum inspirieren und
schreiben Sie auf, was Ihnen dazu einfällt.

So kann es Ihnen gelingen, ungezwungen und ohne Rücksicht auf Effizienzkriterien Ideen zu produzieren. Diese können Sie dann anschließend auf ihren Nutzen für die Bearbeitung und Aufbereitung des Themas beziehungsweise der Problemstellung prüfen.

Diese kreativen Lockerungsübungen dienen dazu, sich von Ihren Gedanken an Blockaden und Ansprüche zu lösen; mit neuen Ideen und durchaus auch mit absurden Vorschlägen können Sie all das verarbeitete Material neu sichten und den Schreibprozess von einer anderen Seite angehen.

Erst danach gehen sie ans Streichen, Zusammenfassen, Ordnen und gelangen zu einer vorstrukturierten Stoffsammlung.

Jeder wissenschaftliche Text muss einem nachvollziehbaren und deutlich strukturierten Aufbau unterliegen, sodass die Abfolge der einzelnen Abschnitte beziehungsweise der einzelnen Kapitel klar zu Tage tritt.

6.2 DER AUFBAU DES TEXTES

An dieser Stelle stellt sich unweigerlich die Frage, für welchen Leser eine wissenschaftliche Arbeit geschrieben wird bzw. für wen sie verständlich sein sollte. Eine verbreitete Meinung dazu vertritt auch Theisen:

Welcher Leser sollte meine Arbeit verstehen können?

»Wissenschaftliche Ausführungen, die nicht mit Interesse und Gewinn wie ein belletristischer Roman – d.h. also ohne den wissenschaftlichen Apparat (Zitate, Anmerkungen, Anhang) – gelesen werden können, lohnen auch ein vertieftes Studium unter Einbeziehung aller dieser Zusätze nicht.« (Theisen, M. R.: »Wissenschaftliche(s) Arbeiten. Eine Führung für Schüler und Studenten«, zitiert nach der 5. Auflage, München 1996)

Wir möchten uns dieser Auffassung, nicht nur für die Wirtschaftswissenschaften, *nicht* anschließen. Denn so, wie selbst ein Roman nicht adäquat verstanden werden kann, ohne über entsprechende literarische und literaturwissenschaftliche Vorkenntnisse zu verfügen, so kann auch eine wissenschaftliche Arbeit nur in ihrem Ganzen, also mit allen Anmerkungen, verstanden werden; hierfür bedarf es bestimmter Vorkenntnisse. Ein unbedarftes Verständnis für ein komplexes und umfangreiches wissenschaftliches Thema kann nicht nur nicht erwartet werden, es muss auch klar sein, dass die Komplexität, die wissenschaftlichem Arbeiten inhärent sein sollte, auch dazu führt, dass eine wissenschaftliche Untersuchung eben nicht wie ein unterhaltendes Werk gelesen werden kann.

Allerdings geben wir Theisen insofern Recht, als er darauf verweist, dass auch für eine wissenschaftliche Arbeit die Lesbarkeit ein Kriterium sein muss. Versteht man diese Aufforderung im Sinne eines logischen Aufbaus und eines lesbaren Stils, so kann und muss man ihr ausdrücklich zustimmen:

 Grundprinzip des Aufbaus einer wissenschaftlichen Arbeit ist eine klare Struktur, die es dem Leser ermöglicht, den gedanklichen Weg der Argumentation nachzuvollziehen.

6.2.1 Formale Gliederung

Die gedankliche Struktur sollte sich auch in einer formalen ausdrücken, das heißt, dass einzelne Abschnitte, die sich thematisch unterscheiden, auch formal voneinander getrennt sind. Diese formale Gliederung kann sich in unterschiedlichen Formen niederschlagen, wovon drei, weil im Wesentlichen benutzt, herausragend sind:

Gedankliche Struktur auch formal darstellen

- die numerische Gliederung,
- die rein alphabetische Gliederung und die
- die gemischt numerisch-alphabetische Gliederung.

In jedem Fall »nummeriert« man (mit Ziffern und/oder Buchstaben) die Überschriften der Abschnitte nach einem hierarchischen Prinzip.

Beispiel für die numerische Gliederung

Das vorliegende Kapitel ist numerisch gegliedert:

6	Die Aufbereitung der Arbeitsergebnisse
6.1	Methode des kreativen Schreibens
6.2	Der Aufbau des Textes
6.2.1	Formale Gliederung
6.2.2	Grundlegende Teile des Textes
6.3	Richtig zitieren
6.3.1	Zum Umgang mit Zitaten
6.3.2	Die Zitiertechnik
6.4	Literaturverzeichnis
6.5	Textanhänge
6.5.1	Exkurs
6.5.2	Anhang
6.5.3	Glossar
6.6	Schriftbild und Textgestaltung

Eine solche numerische Gliederung kann zusätzlich noch unterteilt werden, indem die Unterabschnitte jeweils nach rechts eingerückt werden. Dieses Prinzip erlaubt eine weitere Verdeutlichung der gedanklichen Struktur des Textes.

Beispiel für die eingerückte numerische Gliederung

6   Die Aufbereitung der Arbeitsergebnisse
   6.1   Methode des kreativen Schreibens
   6.2   Der Aufbau des Textes
      6.2.1   Formale Gliederung
      6.2.2   Grundlegende Teile des Textes
   6.3   Richtig zitieren
      6.3.1   Zum Umgang mit Zitaten
      6.3.2   Die Zitiertechnik
   6.4   Literaturverzeichnis
   6.5   Textanhänge
      6.5.1   Exkurs
      6.5.2   Anhang
      6.5.3   Glossar
   6.6   Schriftbild und Textgestaltung

Auch eine alphabetische Gliederung erlaubt eine übersichtliche und deutliche Darstellung des kommenden Gedankengangs. In der reinen alphabetischen Form verwendet man große und kleine Buchstaben und behilft sich zur Erweiterung des Zeichenfundus oft mit deren Verdoppelung:

Beispiel für die alphabetische Gliederung

B.   ...
   a) ...
      aa)...
      ab)...
   b)...

Diese reine alphabetische Gliederung ist allerdings in der Praxis selten anzutreffen. In unserem folgenden Beispiel auf der nächsten Seite ist die Hierarchie mit Hilfe von Großbuchstaben, römischen Ziffern, arabischen Ziffern und Kleinbuchstaben gebildet.

Es gibt einen Trend zur numerischen Gliederung, aber man sollte aus der Entscheidung, welche Form man verwendet, keine Philosophie machen, sondern sich erkundigen, was im Fachbereich üblich (bzw. sogar vorgeschrieben oder verboten) ist und, wenn eine Wahl bleibt, sich für das entscheiden, was persönlich am meisten liegt.

Beispiel für eine numerisch-alphabetische Gliederung

F. Die Aufbereitung der Arbeitsergebnisse
   I. Technik des kreativen Schreibens
   II. Der Aufbau des Textes
      1. Formale Gliederung
      2. Grundlegende Teile des Textes
   III. Richtig zitieren
      1. Zum Umgang mit Zitaten
      2. Die Zitiertechnik
   IV. Literaturverzeichnis
   V. Textanhänge
      1. Exkurs
      2. Anhang
         a) Texte
         b) Bilder
      3. Glossar
   VI. Schriftbild und Textgestaltung

Unabhängig von der Frage, welches System der formalen Gliederung des Textes man wählt, sollten folgende Prinzipien beachtet werden:

- Das einmal gewählte Ordnungsprinzip muss durch die gesamte Arbeit einheitlich beibehalten werden.

Prinzipien der formalen Gliederung

- Es muss einen Zusammenhang zwischen der formalen Gliederung und der inhaltlichen Ausgestaltung der Arbeit geben.
  - Abschnitte auf gleicher Nummerierungshierachie müssen inhaltlich bzw. gedanklich gleichwertig sein.
  - Nicht für jede wissenschaftliche Arbeit empfiehlt sich das gleiche Gliederungsprinzip und die Differenzierung der Nummerierung muss dem Thema angemessen sein. Durch eine zu kleinmaschige Gliederung kann beispielsweise eine Argumentation zerstückelt werden, das heißt, sie kann in ihrem Verständnis durch die ständige Unterbrechung des Leseflusses behindert werden.

Für die unterhalb der Überschriften gewählte weitere Differenzierung gilt:

Textgliedernde Elemente, seien es Aufzählungen, Beispiele, Alternativen etc., müssen im gesamten Text einem einheitlichen Ordnungssystem unterworfen werden.

Schreibtechnisch bieten sich dafür die landläufig bekannten Aufzählungszeichen wie Spiegelstriche, gefüllte Kreise oder Quadrate, offene Rauten, Pfeile etc. an. Eine alphabetische Aufzählung ist nur für den Fall möglich, dass man damit nicht die gewählte Systematik einer alphabetisch-numerischen Ordnung durchbricht.

Mit dieser gewählten Ordnung erlaubt man es dem Leser, sich einfacher und besser in den geschriebenen Text einzufinden. Man findet eine solche Ordnung auch in zahlreichen, aber nicht in allen Büchern und beispielsweise nicht in Magazinartikeln. Stärker fachlich orientierte Bücher werden wie wissenschaftliche Arbeiten gegliedert, während Sachbücher und Magazinartikel allein unter optischen Gesichtspunkten und im Hinblick auf leichtes und schnelles Lesen angelegt werden.

Ein spezieller Leserkreis lässt sich nur in der scientific community ausmachen; dort wird die Arbeit rezipiert, dort wird sie aufgenommen. Selbstverständlich muss eingeräumt werden, dass der erste Leser einer wissenschaftlichen Arbeit (im Rahmen der Hochschule) der betreuende Professor ist; selbstverständlich richtet sich diese Arbeit auch und zuvörderst an ihn – als Leser. Darüber hinaus kann die wissenschaftliche Gemeinschaft als Leserkreis angenommen werden, sodass in jedem Fall ein gewisses Grundwissen sowie die Fähigkeit, einen komplexen Zusammenhang gedanklich zu verarbeiten, vorausgesetzt werden können.

6.2.2 Grundlegende Teile des Textes

Der Aufbau einer wissenschaftlichen Arbeit kann, wie an früherer Stelle schon angedeutet, grob in drei Teile kategorisiert werden:

- Einleitung,
- Hauptteil und
- Schluss.

Diese drei Basisuntergliederungen eines Textes mögen sich simpel anhören, man kennt sie noch vom Schulaufsatz und sie können als Gemeingut gelten. Damit sind sie natürlich nicht überflüssig und es ist mitnichten auch nicht überflüssig, sie zu erwähnen. Überall in der Textproduktion, sei es im Journalismus oder in der Werbung, gilt diese Basisgliederung. Sie wird jeweils spezifisch ausgefüllt. Wer sich in seinem Wirtschaftsstudium zum Beispiel auf Marketingkommunikation spezialisiert, wird erfahren, dass die Einleitung den Leser in den Text ziehen und der Schluss eine Handlungsaufforderung enthalten muss.

Die eigentliche wissenschaftliche Arbeit steht naturgemäß im Hauptteil und Einleitung und Schluss haben auch hier eine besondere Funktion.

Basisgliederung
des Textes:
Einleitung
Hauptteil
Schluss

Einleitung

Eine Einleitung ist (nach Deckblatt und Inhaltsverzeichnis) das erste wichtige Element einer wissenschaftlichen Arbeit. Darin wird die Fragestellung der Arbeit begründet, es wird der Stand formuliert, auf den die Arbeit aufbaut. Die Einleitung zeichnet dann das Panorama des Kommenden, der Leser soll sozusagen »auf den Geschmack gebracht« werden. Dieser Anforderung an eine Einleitung folgt sofort die logische Schlussfolgerung, dass eine solche Einleitung erst nach Fertigstellung der gesamten Arbeit mit Sinn und Verstand geschrieben werden kann, wenn man also die genauen Arbeitsergebnisse kennt. Ohne die Kenntnis dieser Ergebnisse würde es keinen Sinn machen, eine Einleitung zu schreiben; wohl aber ist es sinnvoll, folgende Fragen, die der Text beantworten muss, für den Aufbau einer Einleitung zu nutzen:

- Warum behandle ich das gewählte Thema – und warum nicht ein themenverwandtes?
- Was ist das Ziel meiner Untersuchung, welche Hypothese will ich prüfen, bestätigen?
- Was ist der genaue Umfang meines Themas, wie lässt es sich von anderen verwandten Themen abgrenzen?
- Welchen Stand der Forschung gibt es zu meinem Thema (in groben Zügen) zu berichten?
- Wie wird im Laufe der Arbeit meine Argumentation aussehen?
- Mit welchem methodischem Rüstzeug nähere ich mich meinem Thema?

Diese Fragen sollte man, sozusagen hypothetisch, bereits vor dem Einstieg in die Arbeit zu beantworten suchen, um festzustellen, welche genauen inhaltlichen Fragen man mit der Arbeit beantworten will. Umberto Eco umschreibt diesen Zusammenhang in seiner sehr instruktiven Einführung in das Schreiben einer wissenschaftlichen Abschlussarbeit mit dem Begriffspaar Peripherie–Zentrum.

Hiermit will er verdeutlichen, dass in einer Einleitung deutlich werden muss, welcher Themenkomplex zentral behandelt werden wird und welche Bereiche gestreift werden.

 Beginnen Sie das Schreiben Ihrer wissenschaftlichen Arbeit damit, dass Sie Antworten auf wesentliche Leitfragen formulieren, und legen Sie damit den Grundstein für eine Einleitung. Arbeiten Sie die Einleitung aber erst am Ende des Schreibens der Arbeit aus, wenn Sie Ihre tatsächlich gewonnenen Ergebnisse zusammenfassen können.

Die Einleitung soll beim Leser Interesse wecken

Hinweise für den Aufbau einer Einleitung

Hauptteil

Der Hauptteil folgt unmittelbar der Einleitung und beinhaltet die gesamte auf das gewählte Thema bezogene inhaltliche Auseinandersetzung. Je nach Kategorie des Themas ist der Bogen von der Wiedergabe bestimmter Positionen über die Diskussion verschiedener Standpunkte bis hin zu eigenen Argumenten, der Verteidigung eigener Thesen, zu schlagen. Wenn in der Arbeit Verfahren und deren Anwendung erarbeitet oder zusammengestellt werden, gehört dies ebenfalls in den Hauptteil.

Diese Abfolge der inhaltlichen Auseinandersetzung mit einem definierten Thema muss sich auch in der Gliederung des Hauptteils wiederfinden; seine formale Unterteilung muss sich also an der inhaltlichen orientieren.

Die formale Gliederung muss sich nach der inhaltlichen Unterteilung richten

 Wichtig ist, dass die einzelnen Abschnitte des Hauptteils durch Übergänge, durch verbindende Überleitungen so eben gemacht werden, dass der Zusammenhang zwischen den einzelnen Teilen deutlich wird.

Schlussteil

Der Schlussteil greift gemeinhin die in der Einleitung aufgeworfenen Fragestellungen auf, sollte Antworten geben und so eine Art Erfolgskontrolle vollziehen. Er dient somit einerseits dem Rückblick auf die durchlaufene Argumentation; er sollte andererseits aber auch eine neue Perspektive eröffnen, in der die Forschung beispielsweise über das behandelte Thema hinaus weitergeführt werden kann.

Schlussteil: Rückblick auf Argumentation und Eröffnung neuer Perspektiven

Möglicherweise gibt es spezielle Anforderungen Ihres konkreten Betreuers/Prüfers oder andere Usancen in Ihrem konkreten Fachgebiet. Wenn Sie noch einmal zurückblättern und sich das kurze Beispiel zum Aufbau einer Abschlussarbeit über Controlling in KMUs ansehen, kommt in diesem Fall dem Schlussteil eine etwas andere Rolle zu, nämlich die einer eher praktischen Zusammenfassung.

 Fragen Sie nach, in welcher Form ein Resümee als Schlussteil Ihrer wissenschaftlichen Arbeit erwartet wird.

Das ist wichtig, weil es dabei um die »Quintessenz« Ihrer Arbeit geht!

Kennzeichnung und Gewichtung

Die Einteilung einer wissenschaftlichen Arbeit in Einleitung, Hauptteil, Schlussteil spiegelt sich so selbstverständlich nicht in den Kapitelüberschriften wieder. Diese sollten nach thematischen Gesichtspunkten gefasst werden und das Hauptthema des jeweiligen Kapitels andeuten.

Einleitung und Schluss präzise und klar formulieren

Ferner sollte der Umfang der einzelnen Teile einer Arbeit in einem vernünftigen Verhältnis zueinander stehen. Einleitung und Schlussteil sollten zusammengerechnet nicht mehr als 15 % des Gesamtumfangs ausmachen; das heißt für eine Arbeit von rund 100 Seiten, dass Einleitung (10) und Schlussteil (5) begrenzt sein müssen; diese Begrenzung weist auch noch einmal darauf hin, dass beide Teile präzise und klar formuliert sein müssen. Diese groben Richtwerte stimmen mit dem überein, was in Kapitel 5 zum Aufbau einer Arbeit auch schon ausgeführt wurde.

Begriffsbildung und Stil

Stilistische Anforderungen für den inneren Zusammenhalt des Textes

Abschließend soll der Stil einer wissenschaftlichen Arbeit noch in den Blickpunkt rücken. An eine wissenschaftliche Arbeit sind nicht nur formale und inhaltliche Anforderungen gestellt, sondern auch stilistische. Durch einen flüssigen und lesbaren, klar und präzise formulierten Schreibstil trägt der Verfasser/die Verfasserin einer Arbeit wesentlich zu ihrem Gelingen bei. Begriffliche wie inhaltliche Genauigkeit spiegeln sich im Stil:

- Fachausdrücke werden natürlich benutzt, aber nur im fachlichen Zusammenhang. Je nach Thema und Arbeit ist sorgfältig zu klären, welche Begriffe vorausgesetzt werden können und welche definiert werden müssen.

Beispiel

Wer über internationale Rechnungslegung und insbesondere die International Accounting Standards (ISA) schreibt, kann getrost alle eindeutig definierten elementaren Begriffe der Buchführung als bekannt voraussetzen und einfach benutzen. Wo es unterschiedliche Auslegungen eines Begriffs gibt, muss klargestellt werden, in welchem Verständnis der betreffende Begriff in der Arbeit verwendet wird. Und alle Begriffe, die unmittelbar der IAS-Bilanz zuzurechnen sind, müssen sauber abgeleitet und erklärt werden, weil dies zum sachlichen Kern des Themas gehört.

- Abkürzungen, Fremdwörter, Modewörter werden nur dann verwendet, wenn es ein zwingendes inhaltliches Erfordernis für ihren Gebrauch gibt.
- Metaphern, Symbole, Vergleiche sollten ebenfalls nur dann gebraucht werden, wenn sie inhaltlich notwendig sind.

Der gute Stil verbindet inhaltliche mit formalen Gesichtspunkten und schafft so einen inneren Zusammenhalt eines Textes:

»Anständig gearbeitete Texte sind wie Spinnweben: dicht, konzentrisch, transparent, wohlgefügt und befestigt.« (Adorno, T. W.: »Minima Moralia. Reflexionen aus dem beschädigten Leben«, Frankfurt am Main 1951, S. 108)

Lässt dieses Zitat für Sie klar werden, wie Ihr Text in der Arbeit aussehen soll? In einem Manual wie dem vorliegenden können wir uns diese Metapher nicht nur leisten, sondern gezielt als didaktisches Element zur Veranschaulichung nutzen, das Ihnen – hoffentlich – gut weiterhilft. In einer wissenschaftlichen Arbeit sollten Sie hingegen mit Methaphern und Vergleichen extrem sparsam umgehen.

Der wichtige Zusammenhang zwischen Stil, Form und Inhalt zeigt sich auch bei der Ausgestaltung einer wissenschaftlichen Arbeit. Häufig ist der Verfasser zwischen verschiedenen Formulierungen hin- und hergerissen, kann sich nicht für eine entscheiden. Gerade hier empfiehlt sich der oben genannte Anhaltspunkt als Hilfe:

 Im Zweifelsfall ist die Formulierung zu wählen, die klar, deutlich und präzise die Intention des Verfassers/der Verfasserin zum Ausdruck bringt.

Redaktion/Korrektur

Ein einmal geschriebener Text ist in aller Regel nicht abgabefertig. Er muss bearbeitet, korrigiert werden, dies sachlich und formal. Auf die formale Ebene (Rechtschreibung, Optik, ggf. Nachrechnen von Beispielen etc.) kommen wir in Abschnitt 6.6 zurück. Hier wollen wir beim Text bleiben und bei dessen Korrektur dürfen nur Präzision und Deutlichkeit im Vordergrund stehen, auf die jeder Abschnitt, jedes Kapitel, um mit Eco zu sprechen, auf ihre Nähe zum Zentrum zu prüfen ist; es empfiehlt sich im Übrigen, zwischen dem Schreiben eines Textes und der Endredaktion einige Tage andere Tätigkeit einzuschieben, um einen gewissen Abstand vom Geschriebenen zu gewinnen, was sich dann positiv auf die Korrektur auswirkt. Des Weiteren gilt folgende Regel:

»Nie darf man kleinlich sein beim Streichen. [...] Keine Verbesserung ist zu klein oder geringfügig, als daß man sie nicht durchführen sollte. Von hundert Änderungen mag jede einzelne läppisch und pedantisch erscheinen; zusammen können sie ein neues Niveau des Textes ausmachen.« (a. a. O., S. 105)

Auch wenn diese Aussage Adornos pedantisch klingen mag, sie unterstreicht die Wichtigkeit des präzisen und klaren Stils, der allein die inhaltliche Perspektive der Arbeit befördern kann.

Korrektur: Präzision und Deutlichkeit stehen im Vordergrund

Gerade in einer wirtschaftswissenschaftlichen Arbeit werden auch Übersichten, Schemata, Bilder eine Rolle spielen. Wo es sich anbietet, sollten Sie Visualisierungen einbauen, aber für diese gilt, was für Texte gesagt wurde:

 Auch Schemata und Abbildungen müssen eindeutig und verständlich sein und sie sollten nur eingebracht werden, wenn sie deutliche Vorteile gegenüber der textlichen Beschreibung aufweisen.

Das gilt auch im Hinblick darauf, dass es gar nicht einfach ist, wirklich aussagefähige Bilder zu entwickeln. Und im Tenor der Einleitung dieses Buches sollte es selbstverständlich sein, dass nicht einfach fremde Abbildungen in die Arbeit hineinkopiert werden.

Textperspektive

Perspektiven wie »Ich«, »Wir«, »Man« vermeiden

Schließlich sei noch auf einen Aspekt des Textaufbaus verwiesen, der mit dem Stil im weiteren Sinne korrespondiert, nämlich der Textperspektive.

In einem wissenschaftlichen Text ist zumeist kaum der persönliche Bezug »Ich« zu finden. Diese eher literarisch anmutende Ich-Perspektive ist in einem wissenschaftlichen Text nur dann zu verwenden, wenn es um die Heraushebung der eigenen Position geht. Auch der Gebrauch des unpersönlichen »man« sollte besser einer passivischen Konstruktion weichen.

Der Gebrauch des den Leser einbeziehenden – beziehungsweise vereinnehmenden – »wir« empfiehlt sich ebenfalls nicht zwangsläufig; auch hier ist die Diskussion in der Forschungsliteratur zum adäquaten wissenschaftlichen Arbeiten geteilter Meinung.

 Als Leitregel ist zu beherzigen, dass die wenigsten Probleme auftauchen, wenn »man«, »ich« und »wir« durch passivische Konstruktionen vermieden werden.

Beispiele

Statt: »Man hat hier zu berücksichtigen, dass ...« oder
statt: »Wir haben hier zu berücksichtigen, dass ...« oder
statt: »Ich berücksichtige hier, dass ...«
besser: »Hier ist zu berücksichtigen, dass ... oder
besser: »Hier sollte berücksichtigt werden, dass ...«

Richtiges Zitieren umfasst drei Aspekte:

- Zitate sprachlich korrekt anzugeben und bei indirekten Zitaten den Konjunktiv zu verwenden,
- die angemessene und richtige Auswahl von Zitaten zu treffen und schließlich
- korrekt und mit richtiger Technik zu zitieren.

Möglicherweise ärgern Sie sich als Studierende darüber, dass Ihnen in Sachen Zitieren »unnötiger Formalkram« abverlangt wird und dass das alles so wichtig nicht sein kann. Ich möchte Sie als Autor dieses Studien-Manuals nicht nur extrinsisch (d.h. äußerlich) motivieren, nämlich durch den dringenden Hinweis darauf, dass das Einhalten der korrekten Regeln schlichtweg die Bewertung Ihrer Arbeit verbessern wird und dass dies die Mühe doch lohnen sollte. Vielmehr möchte ich Sie auch überzeugen und damit intrinsisch motivieren, wozu ich Sie bitte, einmal über das im folgenden Beispiel enthaltene gewichtige Problem nachzudenken – ein Beispiel, wo vermeintlich korrekt gearbeitet wurde, wo aber, wenn man es hart nimmt, ein Plagiat (geistiger Raub) enthalten ist:

Beispiel

Immer wieder trifft man in Seminararbeiten wie Abschlussarbeiten den Fall an, dass sich die Verfasser der Vereinnahmung einer fremden Position gar nicht bewusst sind. Das ist der Fall, wenn die Positionen anderer Wissenschaftler schlichtweg im Indikativ wiedergegeben werden:
»Oppermann und Beise bewerten in ihrem Aufsatz die Ergebnisse der GATT-Uruguay-Runde in Marrakesch 1994. So weit reichend wie nie zuvor wurde der technische Bereich von Zollsenkungen und Marktzugangsbedingungen verlassen und eine umfassende Neugestaltung der Welthandelsordnung in Angriff genommen.«
(Das hier falsch wiedergegebene Zitat stammt aus Oppermann, T./Beise, M.: »Die neue Welthandelsorganisation – ein stabiles Regelwerk für weltweiten Freihandel?«, in: Europa-Archiv, Folge 7/1994, S. 195–202

Das Beispiel sieht auf den ersten Blick korrekt aus, der Verfasser nennt den Aufsatz von Oppermann und Beise und legt damit eine fremde Quelle offen. Er (be-)wertet aber mit dem indikativischen »wurde« die Ergebnisse der GATT-Konferenz, anstatt den Satz mit einem konjunktivischen »sei ... geworden« auszustatten. Er macht sich so die Position der Aufsatzverfasser zu Eigen, ohne dieses Vorgehen als solches kenntlich gemacht zu haben, was bewirkt, dass man dem Falschen die Aussage zuordnet, und begeht damit einen der häufig anzutreffenden gravierenden Fehler wissenschaftlichen Arbeitens.

 Es kann nicht deutlich genug darauf hingewiesen werden, dass bei jeder Wiedergabe einer fremden Position, die nicht in der Form eines direkten Zitats genutzt wird, der Konjunktiv verwendet werden muss.

6.3.1 Zum Umgang mit Zitaten

Zitate richtig einsetzen Oberster Leitsatz des Umgangs mit Zitaten in einem wissenschaftlichen Text muss folgende Aussage sein:
»Die Stichhaltigkeit einer Konzeption lässt sich danach beurteilen, ob sie die Zitate herbeizitiert.« (Adorno, T. W., ebenda)
Der häufige Gebrauch von Zitaten, das ständige Verweisen und Zitieren, das Einfügen ellenlanger Zitate ist kein Selbstzweck und erst recht kein Nachweis für wissenschaftlich fundiertes Arbeiten.

 Die Sache selbst muss ein Zitat erforderlich machen – und nur und ausschließlich wenn dieser Fall eintritt, sollte auch zitiert werden.

Wie oben schon angesprochen, ist zwischen direkten und indirekten Zitaten zu unterscheiden. Während bei direkten Zitaten die Anführungsstriche das Zitierte verdeutlichen, gilt für indirekte Zitate – ge-
Direktes und indirektes Zitieren meint ist jede Art von textlicher Anlehnung, sinngemäßer Wiedergabe oder stützender Argumentation unter Verwendung fremder Gedanken und Ausführungen – zum einen der Konjunktiv und zum anderen ebenfalls die Kennzeichnungspflicht.

Beispiel für indirektes Zitieren

Will man obigen Leitsatz zum Umgang mit Zitaten nicht wörtlich zitieren, sondern sich generell auf die Ausführungen Adornos über wissenschaftliches Arbeiten beziehen, bietet sich ein indirektes Zitat an:
Adorno verweist auf die Wichtigkeit des eng gesponnenen wissenschaftlichen Textes. Die Stichhaltigkeit eines wissenschaftlichen Textes lasse sich danach beurteilen, ob die qualitative Konzeption die Zitate herbeizitiere (vgl. Adorno, ebenda).

Sie sehen: Auch hier muss am Ende ein Beleg für das indirekte Zitat geliefert werden.

Neben dem oben genannten Leitsatz lassen sich die Grundregeln für den Umgang mit Zitaten ausmachen:

1. Zitierwürdig sind vom Grundsatz her nur wissenschaftliche Veröffentlichungen, die auch von der wissenschaftlichen Gemeinschaft nachgeprüft werden können. Das Zitieren beispielsweise mündlicher Aussagen, nicht veröffentlichter Manuskripte, feuilletonistischer Zeitschriften (Die Zeit, Der Spiegel) – von Publikumszeitschriften und Ähnlichem ganz zu schweigen – ist in der Regel nicht notwendig. Nur ein deutlich zu benennender und auszuführender inhaltlicher Grund kann dieses erforderlich machen und unter Angabe aller zitiernotwendigen Daten dieses Vorgehen ermöglichen. Auf diese Problematik wurde bereits im Kontext der Materialsuche und -auswahl hingewiesen. Allerdings kommt es in den Wirtschaftswissenschaften häufiger vor, dass auf so genanntes »graues« Material zurückgegriffen werden muss, und das ist umso eher der Fall, je praxisnäher ein Thema liegt. Oft sind es Unterlagen aus Unternehmen, die nicht im eigentlich Sinn publiziert wurden, oder Beiträge aus nicht wissenschaftlichen Fachzeitschriften, die aufgegriffen und zitiert werden sollen. Auch Expertenbefragungen, bei denen dann mündliche Äußerungen verschriftlicht werden, gehören in diesen Problemkreis.

   Nur wissenschaftliche Veröffentlichungen sind zitierwürdig

   Was in einer wissenschaftlichen Arbeit jeweils toleriert wird, muss im jeweiligen Fachbereich bzw. sogar beim betreuenden Dozenten erfragt werden.

   Zitierweise mit dem Fachbereich oder Dozenten klären

2. Wird ein Zitat kommentarlos in den Text eingefügt, so dient es automatisch der Unterstützung des eigenen Argumentationsganges: man erkennt also die darin geäußerte Position – ohne es ausdrücklich zu sagen beziehungsweise sagen zu müssen – an. Nur bei ausdrücklich anderer Kommentierung versteht ein Verfasser ein Zitat nicht als Affirmation (d.h. nachdrückliches Bejahen der eigenen Argumentation).

3. Ein Zitat muss immer mit allen notwendigen Daten nachgewiesen werden, sodass ein Nachprüfen des Zitierten schnell und leicht möglich ist. Das »Wie« wird im nächsten Abschnitt behandelt.

4. Ein Zitat bleibt im fließenden Text, wenn es nicht allzu lang ist (maximal drei Zeilen); ist das Zitat länger, wird besonders kenntlich gemacht (zum Beispiel eingerückt). Ein Zitat ist zudem immer wortgetreu wiederzugeben, das heißt, dass Veränderungen an einem Zitat nicht vorgenommen werden, selbst wenn es sich um offensichtliche Fehler handelt. Selbst in diesem Fall – falls man ein solches Zitat in den eigenen Text einbauen will –, werden keine Veränderungen daran vorgenommen: hinter der falschen Stelle

fügt man ein »[sic!]« ein und zeigt damit, dass man den Fehler erkannt hat und auf ihn aufmerksam macht.

Aussagen nicht deutschsprachiger Autoren werden, soweit möglich, immer in der Originalsprache zitiert. Bei nicht gängigen Fremdsprachen wird eine Übersetzung in der Fuß- oder der Endnote angegeben, was bei einer gängigen Fremdsprache, vor allem bei Englisch und ggf. bei Französisch, entfallen kann.

Vorsicht:
Auslassungen können
Zitat verfälschen

Will man nicht einen ganzen Absatz zitieren, sondern nur zwei Sätze aus diesem Absatz, so ist man nicht gezwungen, zwei Zitate aufzuführen: Man kann beispielsweise den ersten Satz mit dem vierten Satz des in Frage kommenden Absatzes verbinden, indem man Auslassungszeichen verwendet:

- Wörter oder Satzteile   – drei Punkte: …
- ganze Sätze oder Absätze – drei Punkte in eckigen Klammern: [...]

Aber auch hier gilt wieder das Prinzip der wissenschaftlichen Ehrlichkeit:

 Satzteile oder Sätze können nur dann ausgelassen werden, wenn sie die Aussage des Zitats im Gesamtzusammenhang nicht beeinflussen.

Beispiel für eine verfälschende Kürzung

Sebastian schreibt noch immer die Hausarbeit über die Geschichte des GATT. Er möchte die Kernaussage aus dem schon genannten Aufsatz von Oppermann und Beise als eine Position hinsichtlich des GATT und der Position der USA zitieren; die Kernaussage erstreckt sich über den letzten Abschnitt, der aber so lang ist, dass er ihn nicht vollständig zitieren möchte.
Deshalb zitiert er wie folgt:
»Wenn die Entstehung der WTO ab 1995 Sinn machen soll, dann nur durch die multilaterale Bändigung regionaler und bilateraler Egoismen. [...] Solcher Argumentation ist nach Abschluss der Uruguay-Runde nicht nur für die Vereinigten Staaten der Boden entzogen.« (ebenda)

Das Problem liegt aber im Detail: Der Bezug der beiden Wörter »solcher Argumentation« richtet sich im Text mitnichten auf die im zuvor zitierten Satz getroffene Behauptung, sondern gerade auf das Gegenteil – wie nur ein sinnvolles Zitieren deutlich machen kann. So müsste es sinnvoll im Zitat heißen:

»Wenn die Entstehung der WTO ab 1995 Sinn machen soll, dann nur durch die multilaterale Bändigung regionaler und bilateraler Egoismen. [...] Bisher hatten die USA ihre Neigung zu einseitigen Handelsmaßnahmen mit der geringen Effizienz des alten Panelsystems begründet. Solcher Argumentation ist nach Abschluss der Uruguay-Runde nicht nur für die Vereinigten Staaten der Boden entzogen.«

Hier wird deutlich, dass man gerade bei Auslassungen, sei es nun innerhalb eines Satzes oder eines Abschnitts, Vorsicht walten lassen muss. Gerade Bezugswörter wie »daher«, »deshalb«, »so«, »damit« usw. stellen einen gedanklichen Zusammenhang zwischen einzelnen Sätzen her, der durch Auslassungen verändert werden kann. Daher ist besonders auf die logisch-inhaltliche Beibehaltung der Intention der Verfasser zu achten, wenn man mit Auslassungen zitiert.

6.3.2 Die Zitiertechnik

Die Zitiertechnik gehört zu den wichtigsten wissenschaftlichen Arbeitstechniken und lässt sich als Handwerk verstehen. Sie ist mit ein wenig Übung und Einsicht schnell nachzuvollziehen und anzuwenden. In der Praxis macht sie aber die meisten Probleme. Generell muss zwischen zwei Zitiertechniken unterschieden werden:

Innerhalb der wissenschaftlichen Arbeit einheitlich zitieren

- dem Vollbeleg und
- dem Kurzbeleg.

Während der Vollbeleg im laufenden Text beziehungsweise in einer Fuß- oder Endnote alle wichtigen Zitierdaten angibt, begnügt sich der Kurzbeleg mit charakteristischen Kurzangaben, meist Autor, Jahr und Seitenzahl, und verweist alle weiter gehenden Informationen wie Informationswünsche des Lesers ins Literaturverzeichnis.

Für beide Formen der Zitiertechnik gibt es gute Gründe, die durchaus Geltung beanspruchen können.

 Wichtiger als die Wahl zwischen den beiden Zitiertechniken ist das Erfordernis, nach der einmal getroffenen Entscheidung, die eine oder andere Zitiertechnik zu gebrauchen, diese im gesamten Text einheitlich anzuwenden.

Nichts ist schlimmer, als zwischen Zitiertechniken hin und her zu springen. Diese Empfehlung gründet auf dem Umstand, dass es im wissenschaftlichen Bereich keine einheitlichen Standards für das korrekte Zitieren gibt: Von Fach zu Fach gibt es unterschiedliche Vorgaben und Wünsche, teilweise verlangen Dozenten der gleichen Fakultät unterschiedliche Zitierweisen. Umso wichtiger wird so die Pflicht, innerhalb einer wissenschaftlichen Arbeit einheitlich zu zitieren.

Der Vollbeleg

Alle direkten Zitate werden beim Vollbeleg in Anführungszeichen gesetzt; die zitiernotwendigen Angaben werden in eine Fußnote am Seitenende oder in eine Endnote am Kapitel- oder Textende verwiesen; auf Grund der höheren Übersichtlichkeit und der besseren Informiertheit des Lesers bietet sich die Fußnote bevorzugt an.

Bessere Informiertheit und höhere Übersichtlichkeit

Für den Vollbeleg gibt es wiederum verschiedene Ausführungsmöglichkeiten, die vor allem die Reihenfolge der anzugebenden Daten betrifft; ebenso sei hier betont, dass es nicht so sehr darauf ankommt, die eine oder andere Variante zu wählen, sondern vielmehr darauf, die einmal gewählte Variante einheitlich die ganze Arbeit hindurch zu gebrauchen. Wie in anderen Zusammenhängen auch schon empfohlen, sollten Sie aber im Fachbereich oder beim Dozenten klären, ob Sie sich an feste Vorgaben halten müssen, und wenn ja, an welche.

Beispiel für direkte Zitate in einer Fußnote

1 Danne, H./Keil, T..: »Wirtschaftsprivatrecht. Bürgerliches Recht – Handelsrecht«, Band I, Berlin: Cornelsen, 2000, S. XY.

Besonders zu beachten sind die folgenden Punkte:

Direktes Zitieren in einer Fußnote

- Vornamen können abgekürzt oder ausgeschrieben werden, sie stehen aber immer hinter dem Nachnamen, durch Komma abgetrennt.
- Der Titel des Werkes kann, muss aber nicht in Anführungszeichen gesetzt werden (deren Form beliebig ist, es müssen nicht die in diesem Buch verwendeten sein).
- Nach dem Erscheinungsort kann, muss aber nicht der Verlag erscheinen; es reicht auch die Angabe: Berlin 2000, S. XY
- Die Auflage wird nur dann eingefügt, wenn es sich nicht um die erste handelt. Sie steht im zitiernotwendigen Falle direkt nach dem Titel beziehungsweise der Bandangabe und vor dem Erscheinungsort, durch Kommata abgetrennt, also beispielsweise: »..., 2., erweiterte und überarbeitete Auflage, ...«
- Am Ende einer jeden Fußnote steht ein Punkt.

Wichtig ist vor allem – um erneut darauf zu verweisen – die Einheitlichkeit des einmal gewählten Verfahrens.

Indirekte Zitate werden nach dem gleichen Prinzip zitiert, lediglich mit einer kleinen Änderung: Vor den zu zitierenden Daten wird in der Fußnote ein »Vgl.:« eingefügt, sodass deutlich wird, dass man nicht direkt zitiert, sondern auf ein Werk indirekt Bezug nimmt.

Indirektes Zitieren in einer Fußnote

Beispiel für indirekte Zitate in einer Fußnote

[1] Vgl.: Danne, H./Keil, T..: »Wirtschaftsprivatrecht. Bürgerliches Recht – Handelsrecht«, Band I, Berlin: Cornelsen, 2000, S. XY.

Dadurch, dass beim Vollbeleg alle wesentlichen Angaben einmal aufgeführt worden sind, kann bei erneutem Zitieren aus dem gleichen Werk vereinfacht werden.

Übersicht über vereinfachtes Zitieren (Wiederholung der Quelle)

Folgt unmittelbar nach der Fußnote 1 ein erneutes Zitat aus dem gleichen Werk und auf der gleichen Seite, so wird wie folgt zitiert:

Vereinfachung bei erneutem Zitieren aus dem gleichen Werk

[2] ebenda.

Folgt unmittelbar nach der Fußnote 1 ein erneutes Zitat aus dem gleichen Werk, aber auf einer anderen Seite, so wird wie folgt zitiert:

[2] a. a. O., S. YX.

Folgt nicht unmittelbar nach der Fußnote 1 ein erneutes Zitat aus dem gleichen Werk und auf der gleichen Seite, also zitiert man nach der ersten Fußnote ein anderes Werk und kommt dann auf das in Fußnote 1 zitierte zurück, so wird wie folgt zitiert:

[3] Danne, H./Keil, T.: ebenda.

Folgt nicht unmittelbar nach der Fußnote 1 ein erneutes Zitat aus dem gleichen Werk, aber auf einer anderen Seite, also zitiert man nach der ersten Fußnote ein anderes Werk und kommt dann auf das in Fußnote 1 zitierte zurück, so wird wie folgt zitiert:

[3] Danne, H./Keil, T.: a. a. O., S. YX.

Das »Prinzip des letztgenannten Werkes« macht die Vereinfachung möglich. Sollte es nun mehrere Werke eines Verfassers geben und man kommt nach längerer Zeit wieder auf das beispielsweise erstgenannte zurück, so reicht eine Zitierweise, die Autor(en) und Titel nennt und sich dann auf das schon bekannte »ebenda« (genau auf der letztzitierten Seite) oder »a. a. O.« (am angegebenen Ort; also an dem genannten Ort, allerdings auf einer anderen Seite) beschränkt.

87 Danne, H./Keil, T..: »Wirtschaftsprivatrecht«, a. a. O., S. XY.

 Die gleichen Prinzipien gelten auch für Aufsätze in Sammelwerken und Aufsätze aus Zeitschriften.

Hierbei sind allerdings die Angaben sowohl zum Beitrag als auch zum Sammelwerk oder zur Zeitschrift zu nennen, in denen der Beitrag enthalten ist.

Name, Vorname: »Titel Beitrag«, in: Name, Vorname (Hrsg.): »Titel Sammelwerk«, Band, Auflage, Ort: Verlag, Jahr, S. X–Y (des Aufsatzes), S. Z (zitierte Stelle).

Name, Vorname: »Titel Beitrag«, in: Name der Zeitschrift, Jahrgang, Heftnummer, S. X–Y (des Aufsatzes), S. Z (zitierte Stelle).

Auch für diese Zitierweisen gelten die gleichen Regeln der Vereinfachung beim wiederholten Zitieren.

Weitere Hinweise
- Bei mehr als drei Autoren oder Herausgebern wird die Zitation durch »et al.«, was nichts anderes als »und andere/weitere« bedeutet, verkürzt; vielfach wird hier auch die deutsche Abkürzung »u.a.« verwendet:
Geigant, F., et al. (Hrsg.): a. a. O., S. XY.
- Fußnoten dienen in der Vollzitierweise neben der Verortung der zitiernotwendigen Daten auch dazu, Randbemerkungen und weiterführende Anmerkungen, die den Lesefluss stören würden und nicht direkte thematische Wichtigkeit haben, einzugliedern.

Besondere Quellen

Wie schon erwähnt, kommt es gerade im Wirtschaftsstudium häufiger vor, dass Unternehmensveröffentlichungen, Internet-Seiten und andere Publikationen zitiert werden müssen, die – auf den ersten Blick – nicht unter die normalen Zitierregeln zu fallen scheinen. Aus diesem Grunde seien hier einige weitere Hinweise zur Zitierweise gegeben:

- Unternehmenspublikationen werden wie andere Werke zitiert: Kreissparkasse Recklinghausen (Hrsg.): »Geschäftsbericht 2000«, o. O., o. J.

  Tipps zur Zitierweise von »außergewöhnlichen« Publikationen

  o. O. meint ohne Ort, also Erscheinungsort, o. J. bedeutet ohne Jahr, also Erscheinungsjahr. Dieses steht in diesem Beispiel zu vermuten, der Geschäftsbericht 2000 dürfte im Jahr 2001 publiziert worden sein. Als bloße Annahme darf dies aber nicht eingefügt werden.
- Internetseiten werden wie folgt zitiert:
  URL: http://www.handelsblatt.de
  Sofern man etwas von einer Unterrubrik (Subdomain) zitiert, die eine eigene, in Schrägstriche gesetzt Subadresse hat, wird besser diese zitiert:
  URL: http://www.handelsblatt.de/.../
  Mit guten Gründen ist darauf hinzuweisen, dass eine nachfolgend in Klammern zu setzende Monats- und Jahresangabe hilfreich ist, um im Dschungel des Internets präzise Angaben zu machen; häufig kommt es vor, dass Seiten, auf die man sich bezieht, nach kurzer Zeit nicht mehr »online« sind. Aus diesem Grund empfiehlt sich die Zusatzangabe, die aber fakultativ bleibt.
  Mancherorts gibt es die Vorschrift, von der betreffenden Internetseite eine Kopie auf Papier herzustellen (Screenshot anfertigen und ausdrucken) und diese der Arbeit anzufügen. So wird die sonst flüchtige Seite materiell nachgewiesen.
- Gesetzestexte und Paragrafen werden gemeinhin wie andere Zitate auch behandelt; sie sollten aber – so kann als generelle Handlungsrichtlinie formuliert werden – nur dann direkt zitiert werden, wenn es absolut erforderlich ist. Gemeinhin bedarf es der Untergliederung in Paragrafen (§), Absätze (Abs.), Sätze (S.), Halbsätze (Hs.), Nummern (Nr.) oder Ziffern (Ziff.) sowie Buchstaben (Buchst.), die in einheitlicher Weise zitiert werden sollten. Diese Gesetzestexte werden nach amtlichen Quellen und der jeweils neuesten Ausfertigung beziehungsweise Fassung zitiert, es sei denn, man gibt bewusst eine historische Quelle wieder. (Vgl.: Hirte, H.: Der Zugang zu Rechtsquellen und Rechtsliteratur, Köln u.a., 1991)

Der Kurzbeleg

Auch beim Kurzbeleg werden wörtliche Zitate in Anführungszeichen gesetzt.

 Im Unterschied zum Vollbeleg erfolgen jedoch beim Kurzbeleg die Literaturangaben in einer verkürzten Form und sie werden in den Text eingearbeitet.

Beim Kurzbeleg sind vollständige Angaben zum zitierten Werk im Literaturverzeichnis zu finden

Der Vorname des Verfassers wird nicht aufgeführt, auch der Titel des Werkes nicht. Jedes Zitat wird bei der Kurzzitierweise lediglich durch die Angabe des oder der Autoren, des Erscheinungsjahres des Werkes und der Seitenzahl gekennzeichnet. Um zu den vollständigen Angaben zu gelangen, muss man das durch die Kurzform eindeutig gekennzeichnete Werk im Quellen- bzw. Literaturverzeichnis nachschlagen.

Beispiel für den Kurzbeleg beim direkten Zitieren

»Der Markt ist der ökonomische Ort des Tausches, auf dem sich Angebot und Nachfrage gegenüberstehen und aufeinander abgestimmt werden« (Kampmann/Siebe/Walter 1999, S. 60).

Gleiches gilt für das indirekte Zitieren, wo beim Kurzbeleg aber das beim Vollbeleg übliche »vgl.« entfällt:

Beispiel für den Kurzbeleg beim indirekten Zitieren

Der Markt, so führen Kampmann, Siebe und Walter aus, sei der Ort des Tausches in der Ökonomie, auf dem Angebot und Nachfrage aufeinander abgestimmt würden (Kampmann/Siebe/Walter 1999, S. 60).

Weitere Regeln

- Bei mehr als einer Veröffentlichung eines Verfassers im Erscheinungsjahr werden an die Jahreszahl Kleinbuchstaben angehängt. Gäbe es also ein zweites Buch der hier erwähnten Verfassergemeinschaft, so müsste wie folgt belegt werden:
  (Kampmann/Siebe/Walter 1999 a, S. XY) (Kampmann/Siebe/Walter 1999 b, S. YX) usw.
- Bei mehr als drei Autoren oder Herausgebern wird die Zitation verkürzt:
  Geigant et al. (Hrsg.) 2000, S. XY.

Mehr ist für den Kurzbeleg nicht zu beachten: Er spart Zeit und Platz und vereinfacht im Text das Zitieren. Allerdings bietet er dem Leser nicht die Möglichkeit, schnell zu erkennen, aus welchem Werk das Zitierte stammt. Gerade bei einer wissenschaftlichen Arbeit, die sich mit mehreren Arbeiten eines Autors beschäftigt, bietet die Kurzzitierweise trotz der Jahreszahlanhängsel dem Leser weniger unmittelbare Information und schmälert die Übersichtlichkeit. Dennoch findet sie – die Zeichen der Zeit widerspiegelnd – immer weitere Verbreitung.

Der Kurzbeleg findet trotz seiner Unübersichtlichkeit immer weitere Verbreitung

Fuß- beziehungsweise Endnoten dienen in der Kurzzitierweise ausschließlich der Randbemerkung und der weiterführenden Anmerkung, keinesfalls aber dem Zitieren.

Sie sind in wissenschaftlichen Werken mit Kurzbeleg dementsprechend nur in geringerer Anzahl anzutreffen.

Da das Literaturverzeichnis am Ende der Arbeit bei der Kurzzitierweise die volle Information aufnimmt, spielt es eine besondere Rolle: Dort müssen die mit den Jahreszahlen versehenen Werke der Autoren genauso wie im Text auftauchen, sodass ein Wiederfinden der gesuchten Arbeiten möglich wird.

Der Vollbeleg ist eine wünschenswerte und vorrangig zu gebrauchende Zitiertechnik

Empfehlenswert ist, dem Leser die »Gnade« des Vollbelegs in einer Fußnote zu gewähren: Nur so erhält er ohne mühsames Umblättern alle wichtigen Informationen zum Zitierten. Dieser praktische Umstand, der sicherlich den Nachteil hat, dass der Verfasser mehr schreiben muss und dies mehr Raum einnimmt, macht den Vollbeleg trotz dieser Nachteile zur wünschenswerten und vorrangig zu gebrauchenden Zitiertechnik.

Für die Erstellung des am Ende einer wissenschaftlichen Arbeit sich befindenden Literaturverzeichnisses gelten folgende Grundregeln:

**6.4
DAS LITERATUR-
VERZEICHNIS**

- Sämtliche zur Erstellung der Arbeit verwendete und gelesene Literatur sowie alle zitierte Literatur muss auch im Literaturverzeichnis aufgeführt werden. Allerdings soll nur die Literatur aufgeführt werden, die auch wirklich für die Erstellung der Arbeit gebraucht wurde. Weder dient es der Qualität der Arbeit, besonders wenige Quellen zu nutzen, noch dient es ihr, besonders viele zu zitieren, ohne diese genutzt zu haben.
- Das Literaturverzeichnis ist alphabetisch nach den Nachnamen der Verfasser zu ordnen.

- Hat ein Autor mehrere Werke verfasst, so werden diese chronologisch geordnet.
- Im Literaturverzeichnis finden sich alle zitiernotwendigen Angaben wieder.

Wie einzelne Titel im Literaturverzeichnis wiedergegeben werden, hängt von der Zitierweise ab

Die Form, in der die einzelnen Titel im Literaturverzeichnis aufgeführt werden, hängt davon ab, welche Zitierweise benutzt wurde.

Form der Angaben beim Vollbeleg

Hat man die Zitierweise des Vollbelegs gewählt, müssen sich im Literaturverzeichnis die gleichen Angaben wie in einer Fußnote wiederfinden, in der eine Quelle zum ersten Mal zitiert wird. Für eine normale Monografie sind dies

Nachname, Vorname: »Titel«, Band, Auflage, Erscheinungsort: Verlag, Erscheinungsjahr.

Form der Angaben beim Kurzbeleg

Hat man die Kurzzitierweise gewählt, gelten zwar die gleichen Grundregeln wie beim Vollbeleg, jedoch ändert sich die Reihenfolge der zu zitierenden Daten.

Nachname (Erscheinungsjahr): Nachname, Vorname: »Titel«, Band, Auflage, Erscheinungsort: Verlag.

Da man im Text die Kurzzitierweise genutzt hat und dort jedes zitierte Werk mit dem Nachnamen des Verfassers und dem Erscheinungsjahr (und eventuell mit Kleinbuchstaben bei mehreren Werken des Verfassers im Erscheinungsjahr) versehen hat, muss diese gewählte Angabe auch zu Beginn der Aufführung des jeweiligen Werkes im Literaturverzeichnis stehen, damit ein Auffinden des Werkes möglich ist.

Weitere Hinweise

Es gelten die schon früher erwähnten Regeln, die jedoch von Hochschule zu Hochschule etwas abweichen oder auch vom Dozenten selbst formuliert werden und zu denen Sie sich deshalb sicherheitshalber an geeigneter Stelle (viele Fachbereiche und Lehrstühle haben ihre Regeln auch schon im Internet stehen) im Fachbereich erkundigen sollten:
- Der Vorname kann abgekürzt werden, er muss nicht ausgeschrieben werden.
- Der Titel kann in Anführungszeichen gesetzt werden, er muss es aber nicht.

- Der Verlag kann erwähnt werden, muss es aber nicht.
- Die Auflage wird nur zitiert, wenn es nicht die erste ist.
- Seitenzahlen werden selbstverständlich, da es sich nicht um ein Zitat auf einer bestimmten Seite, sondern um eine generelle Angabe zum Buch handelt, nicht aufgeführt.

Das gleiche Verfahren gilt auch für Aufsätze in Sammelbänden und Zeitschriften sowie für Sammelwerke; dort werden weiterhin die Seitenzahlen, die der jeweilige Aufsatz umfasst, angegeben, selbstverständlich nicht einzelne zitierte Stellen.

Bei vielen Arbeiten gibt es ergänzende Bestandteile, bei denen im Wesentlichen zwischen

6.5 TEXTANHÄNGE

- Exkursen und
- Anhängen

zu unterscheiden ist. Ein Exkurs ist ein Zusatz innerhalb des eigentlichen Textes der Arbeit, quasi eine zusätzliche Schleife, ein Anhang steht hingegen am Ende nach dem eigentlichen Text.

6.5.1 Exkurse

Ein Exkurs ist eine Passage, die sich innerhalb des Textes der wissenschaftlichen Arbeit befindet, und führt, nomen est omen, aus dem bislang verfolgten Gedankengang hinaus. Er bietet zusätzliche Informationen oder Überlegungen. Der Leser kann ihn wahlweise überspringen oder lesen. Deshalb muss er so abgefasst werden, dass der Leser, der ihn überspringt, ohne Verständnisverlust mit dem eigentlichen Text fortfahren kann. Liest der Leser den Exkurs, gelangt er danach wegen der linearen Anordnung automatisch zum Anschluss des Haupttextes.

Exkurse für zusätzliche Informationen oder Überlegungen in den laufenden Text einsetzen

 Ein Exkurs sollte nur durchgeführt werden, wenn ein sachlich zwar nicht zwingender, aber wichtiger Grund vorliegt, Informationen und/oder Argumentationsgänge über das eigentliche thematisch abgegrenzte Gebiet hinaus zu führen.

Vor allem bei ersten wissenschaftlichen »Gehversuchen«, wie sie Seminararbeiten darstellen, sollte auf Exkurse verzichtet werden.

Aber auch bei Diplom- beziehungsweise Abschlussarbeiten steht nur ein begrenzter Raum zur Verfügung, der nicht durch Textteile verschenkt werden sollte, die nicht zum Zentrum der Argumentation gehören.

Bei ersten wissenschaftlichen Gehversuchen auf Exkurse verzichten

6.5.2 Anhänge

Auch ein Anhang darf den im Hauptteil der Arbeit verfolgten Gedankengang nicht fortführen.

 Anhänge eignen sich nur für erklärende oder ergänzende Materialien sowie für Belege.

Ganz eindeutige Kriterien, was in einen Exkurs und was in einen Anhang gehört, gibt es nicht. Neben der etwas anderen Textkategorie – der Exkurs stellt Gedanken dar, die über den bisherigen Gedankengang hinausführen, der Anhang nimmt anders geartete Texte und Materialien auf – ist die Länge ein Kriterium: Was in voller Länge den Text der Arbeit unnötig belastet hätte und eher als Basis- beziehungsweise Hintergrundmaterialien anzusehen ist, gehört in den Anhang. Typische Bestandteile für einen Anhang sind

Der Umfang des Anhangs ist kein Qualitätskriterium

- Fragebögen (empirisches Forschungsmaterial),
- Statistiken,
- Gesetzestexte,
- Interviews.

Hüten Sie sich davor, den Umfang eines Anhangs als Qualitätskriterium für die Arbeit werten zu wollen – er ist für die Qualität der Arbeit ebenso wenig ausschlaggebend wie die Zahl der Zitate. Alleine die inhaltliche Notwendigkeit entscheidet darüber, ob ein Dokument im Anhang aufgeführt wird oder nicht.

6.5.3 Glossar

In einem Glossar werden wissenschaftliche Fachausdrücke mit präzisen Begriffsbestimmungen versehen, sodass sie in alphabetischer Ordnung die Lesbarkeit und das Verständnis eines Textes erleichtern können.

Ein Glossar soll nicht als Nachweis der Kenntnisse der Fachsprache dienen

Glossare mögen beliebt sein, sie sind jedoch nur in den seltensten Fällen wirklich angebracht. Wenn jemand beispielsweise über neuere Entwicklungen der Wirtschaftsinformatik schreibt oder entsprechendes Wissen in seine Arbeit einbezieht und dort Fachausdrücke gebraucht, die noch nicht – auch nicht im wissenschaftlichen Diskurs – sehr verbreitet sind, bietet sich deren erläuternde Zusammenstellung in einem Glossar an bzw. ist schon fast unabdingbar. Entsprechendes gilt für andere, stark anwendungsorientierte Bereiche (z.B. aktuelle Teilgebiete des Marketings).

Ein Glossar kann und soll allerdings nicht als Nachweis der Kenntnisse der jeweiligen Fachsprache dienen und den Verfasser auch nicht zum sorglosen Umgang mit dieser verführen.

Der schreibtechnische Standard heutigen wissenschaftlichen Arbeitens ist durch die Ausstattung mit PCs deutlich erhöht worden.

Eine wissenschaftliche Arbeit darf größtenteils nicht mehr handschriftlich abgegeben werden; auch eine mit der Schreibmaschine verfasste Arbeit stößt häufig (manchmal zu Unrecht) bereits auf Skepsis.

Für die Gestaltung einer wissenschaftlichen Arbeit bietet der Computer eine Vielzahl von Möglichkeiten; aber auch hier gilt die alte Weisheit: Weniger ist mehr.

Eine wissenschaftliche Arbeit zeichnet sich nicht durch den Gebrauch unzähligen »Schnickschnacks« aus, sondern ist vor allem durch ihre Seriosität gekennzeichnet. Allerdings gehört es unbedingt zur Qualifikation eines angehenden Wirtschaftswissenschaftlers, nicht nur mündlich und in Gruppen, sondern auch schriftlich professionell »präsentieren« zu können. Ansprechende Optik von Schriftstücken erfordert die Kenntnis von Grundregeln zur Visualisierung, und auch von dieser Seite her gilt: Weniger ist mehr!

Die »Präsentationskultur« in den einzelnen Fachbereichen und an den einzelnen Lehrstühlen ist sehr unterschiedlich und – wie schon mehrfach im vorliegenden Studien-Manual empfohlen – Sie sollten rechtzeitig in Erfahrung bringen, ob und welche Perfektion gestaltungsseitig für Ihre Arbeit vor Ort erwartet wird. Unabdingbar ist, dass Sie alle formalen Regeln einhalten. Sie finden diese in den vom Fachbereich herausgegebenen Merkblättern, in denen praktisch immer die Form des Deckblatts festgelegt wird, Aussagen zu den Anforderungen und zur sachlichen Gliederung einer Arbeit gemacht werden und wo eben vielfach auch technische Vorschriften zu finden sind.

→ *An nahezu allen Fachbereichen gibt es verbindliche formale Regeln für das Anfertigen wissenschaftlicher Arbeiten. Ermitteln Sie, was für Sie gilt!*

Diese technischen Regeln sind nicht ausschließlich von der erwähnten Präsentationskultur geprägt, sie gehen auch auf ganz praktische Erwägungen (Textmenge bestimmen können, Ränder für Abheften und Korrekturnotizen zur Verfügung haben u.a.) zurück.

Hier einige grundsätzliche Tipps zu Textgestaltung und Schriftbild:
• Nutzen Sie nur einen einzigen Schrifttyp in der gesamten Arbeit. Dieser sollte zudem das oben angesprochene Maß an Seriosität erfüllen. In aller Regel werden Arbeiten in der Schriftart »Arial« oder »Times« verfasst. Andere sind aber auch geeignet, keinesfalls jedoch Modeschriften mit Designertypen.

**6.6
SCHRIFTBILD,
TEXTGESTALTUNG,
ABBILDUNGEN**

Weniger ist mehr!

Hinweise zu
Textgestaltung und
Schriftbild

- Die Schriftgröße wird in den erwähnten Regeln von Fachbereich oder Lehrstuhl oft vorgegeben. Ist das nicht der Fall, bietet sich in der Regel eine Schrift in 12-Punkt-Größe an, für den Fußnotentext zwei Punkte kleiner.
- Die Schriftgröße führt auch zu der Frage, wie viel Text auf eine Seite passt. Auch hier ist wieder nicht die Menge, sondern die Qualität ausschlaggebend. Wo der Fachbereich Regeln erlässt, schreiben diese meist die Randabstände vor. Ist das nicht der Fall, gehen Sie von einem gebührlichen Abstand zu allen Seiten aus (ca. 4 cm nach links, dort wird auch gebunden oder geheftet; ca. 2–3 cm nach rechts; ca. 2–3 cm nach oben und unten). Dies stellt ein Textvolumen von ungefähr 2 200 Anschlägen pro Seite sicher.
- Jede Seite kann mit einer (kleiner gesetzten) Titelzeile (sog. Kolumnentitel) und muss mit Seitenzahlen versehen werden. Die Titelzeile ist zwar (meist) fakultativ, sie ist allerdings aus optischen Gründen immer empfehlenswert. Die Seitenzahlen können in die Titelzeile integriert werden.
- Überschriften, also Gliederungselemente, sollten sich vom Druckbild her vom restlichen Text abheben: Sie können fett gedruckt oder unterstrichen sein und sie sollten gefällige Abstände vom vorangehenden und vom nachfolgenden Text haben (z.B. zwei Zeilen zum vorangehenden und eine Zeile zum nachfolgenden oder eine Zeile zum vorangehenden und dann keine Zeile zum nachfolgenden, sodass die Überschrift in optischer Nähe zu dem Textblock steht, auf den sie sich bezieht). Wichtig ist auch hier, wie schon an vielen Stellen zuvor genannt, die Einheitlichkeit des einmal gewählten Verfahrens.
- Als Aufzählungszeichen sollten schlichte Elemente gewählt werden (Spiegelstrich, fetter Punkt wie hier auf dieser Seite, Raute o.Ä.) und Aufzählungen werden eingerückt, wie ebenfalls auf dieser Seite zu sehen. Ein tpyischer Fehler besteht darin, die Einrückung beim zweiten oder einem späteren Absatz eines Unterpunktes zu vergessen. Man sollte hier gründlich und korrekt sein, denn der dann fälschlich auf die vordere Kante gezogene Text steht dann in einer anderen gedanklichen Zuordnung, was inhaltliche Missverständnisse hervorrufen kann.
- Sofern Hervorhebungen im Text erfolgen, bieten sich (halb-)fett – in der englischen Fachsprache bold, kursiv – italic und ggf. unterstrichen – underlined an (die Schaltfelder in vielen Textprogrammen haben die Abkürzungen B, I, U). Unterstreichungen gelten als optisch nicht so günstig. Nützlich sind aber die KAPITÄLCHEN, Großbuchstaben in Größe von Kleinbuchstaben. Diese typografischen

Hervorhebungen müssen in ein System gebracht und einheitlich benutzt werden, z.B.
- wichtige Begriffe fett:
  ... Unter einer **Kennzahl** versteht man ...
- Zitate kursiv:
  »Diese ehrliche Selbstverpflichtung auf die Prinzipien wissenschaftlichen Arbeitens ...« (Paetzel, a. a. O.)
- zitierte Namen in Kapitälchen:
  PAETZEL betont den Gedanken ...
- Sofern Formeln zu schreiben sind, bedient man sich der Sonderfunktionen der Textverarbeitung, die das übliche Hochstellen von Exponenten und das Tiefstellen von Indices erlaubt. Kritisch wird es, wenn Bruchstriche oder gar Doppelbruchstriche gebraucht werden, weil man dann im Falle weniger Formeln behelfsweise auf die Darstellung mit Schrägstrich zurückgreift (drei Viertel wird dargestellt als 3/4) oder man muss sich eines Sonderprogramms bedienen. Wichtig ist noch, dass Formeln z.B. gefällig mittig in der Zeile oder mit fester Einrückung und mit gefälligem Abstand zum Text geschrieben werden.

Tabellen und Abbildungen

Für das Schreiben von Tabellen gibt es grundsätzlich zwei Möglichkeiten. Ältere oder einfachere Textprogramme lassen nur zu, dass man Tabellen mit Hilfe von Tabulatoren (Sprungmarken) aufbaut. Das kann auch bei komfortablen Programmen im Einzelfall im Interesse einer individuelleren Gestaltung sinnvoll sein. Neue und komplexe Textprogramme haben eine eingebaute Tabellenfunktion. Hat man sich erst einmal eingearbeitet, geht das Anfertigen von Tabellen damit relativ leicht von der Hand und bringt optisch gute Ergebnisse.

Auf die Anfertigung und die Einbindung von Abbildungen in einen Text näher einzugehen würde den inhaltlichen und platzmäßigen Rahmen eines Buches über wissenschaftliches Arbeiten sprengen. Wer in einem wirtschaftswissenschaftlichen Fachbereich Arbeiten schreibt, in die Bilder zu integrieren sind, sollte sich im Umgang mit dem PC und mit entsprechenden Programmen hinreichend fit machen, um dieser Anforderung genügen zu können.

Voraussetzung für das Einsetzen von Tabellen und Abbildungen ist der sichere Umgang mit dem Computer und den entsprechenden Programmen

- **Kreativ schreiben:** Scheuen Sie sich nicht, den Einstieg in der Art eines Brainstormings zu nehmen und zunächst ungeordnet alles aufzuschreiben, was aus Ihrer Sicht zum Thema gehört. Strukturieren ist der zweite Schritt.
- Der **Aufbau des Textes** muss einer nachvollziehbaren inhaltlichen Struktur folgen. Diese bildet sich in einer formalen Gliederung ab, für die es mehrere Möglichkeiten (numerisch, alphabetisch, alphabetisch-numerisch) gibt.
  Die drei Teile Einleitung, Hauptteil, Schlussteil müssen vorhanden sein, brauchen sich aber nicht in der formalen Gliederung niederzuschlagen.
  Der **Stil** muss flüssig, lesbar, klar und präzise sein. Haben Sie nicht den Ehrgeiz, den Text in einem Guss aufs Papier zu bekommen – überarbeiten Sie geschriebene Teile jeweils in einem Abstand von einigen Tagen.
- **Richtiges Zitieren** ist kein lästiges Übel, sondern eine für Inhalt und Kommunikation wichtige Technik wissenschaftlichen Arbeitens.
  Indirekte Zitate werden im Konjunktiv formuliert, direkte Zitate in Anführungszeichen gesetzt.
- Bei der **Zitiertechnik** werden Vollbeleg und Kurzbeleg unterschieden. Beim Vollbeleg werden vollständige Angaben zum zitierten Werk an Ort und Stelle gemacht, beim Kurzbeleg nur eine Kurzform. Diese findet sich dann im Literaturverzeichnis wieder, sodass man das zitierte Werk dort identifizieren und seine Angaben vollständig nachvollziehen kann.
- Keine wissenschaftliche Arbeit kommt ohne **Literaturverzeichnis** aus. Es enthält nicht nur die zitierten Werke, sondern alle Werke, die bei der Anfertigung der Arbeit einbezogen wurden.
- Nebengedanken werden in **Exkursen** im laufenden Text ausgeführt (was sparsam geschehen muss), Zusätze, Erläuterungen, Belege etc. in den **Anhang** gebracht. Wo verwendete Begriff nicht allgemein üblich oder bekannt sind, werden sie in Form eines **Glossars** zusammengestellt.
- Durch ein ansprechendes **Schriftbild** und übersichtliche **Textgestaltung** wird die Arbeit formal in eine gute Lesbarkeit gebracht. Dazu geben die Fachbereiche in ihren Merkblättern über das Anfertigen wissenschaftlicher Arbeiten meist konkrete Hinweise oder sogar Vorgaben.

7 SERVICETEIL

Haben Sie das Studien-Manual schon durchgearbeitet und sind hier angekommen oder schauen Sie beim Querlesen nach, was dieser Serviceteil so bietet?

Entweder als Wiederholung oder um es an dieser Stelle den Hineinblätternden zur Kenntnis zu geben: Wissenschaftliches Arbeiten erfordert eine ehrliche Arbeitshaltung, muss systematisch geplant werden und setzt dabei an, zunächst immer zu recherchieren, was andere zum Thema schon publiziert haben.

Dieser Serviceteil ist als Anhang zu verstehen, der Zusätzliches bietet und den eigentlichen Inhalt ausweitet (siehe Abschnitt 6.4.2).

So finden Sie in 7.1. eine Fortführung der ganz persönlichen Tipps aus Abschnitt 5.2 zum Umgang mit sich selbst – Thema Arbeitshaltung und Durststrecke.

Die für alle Leser interessanten Hilfsmittel zur Materialauswahl sind in Kapitel 3 in mehreren Übersichten zusammengestellt. Von den Internet-Anschriften der Hochschulbibliothken sucht man aber meist nur seine eigene; Grund genug, diese längere Liste aus dem Haupttext herauszuhalten und in Abschnitt 7.2 des Anhangs zu verlagern.

Literatur- und Stichwortverzeichnis sind übliche Bestandteile eines jeden Buches.

7.1	THEMA SELBSTMOTIVATION	122
7.2	ONLINE-KATALOGE VON BIBLIOTHEKEN	125
7.3	LITERATURVERZEICHNIS	131
7.4	STICHWORTVERZEICHNIS	133

7.1 THEMA SELBSTMOTIVATION

Beispiel

Sebastian: »Das war ja alles sehr schön. Und was ist, wenn ich einfach nicht motiviert bin? Wenn ich eigentlich viel lieber was anderes machen würde, anstatt mich durch Berge von Material zu wühlen und alle diese Regeln zu beachten?«

Wissenschaftliches Arbeiten kann trotz der hier genannten Ausführungen und Hilfestellungen ein langer, steiniger und mühevoller Weg sein. Immer motiviert zu sein, trotz möglicher Rückschläge und vieler kleiner Haken im Detail, ist nicht leicht.

Nun gehört die Motivation mit zu den am besten erforschten Gebieten in der Psychologie und wir können auf das in der vorliegenden Reihe von Studien-Manuals erschienene Buch von G. Felser verweisen: Felser, G.: »Motivationsmethoden für Wirtschaftsstudierende – sich selbst und andere motivieren«, Berlin: Cornelsen Verlag, 2000. Dieses Buch schließt übrigens mit einem Fallbeispiel »Richards Diplomarbeit« ab (a. a. O, S. 123 ff.).

Hier mögen aus dem »Erste-Hilfe-Koffer« einige kleine Motivationstricks gegeben werden, ohne Anspruch auf psychologisch-wissenschaftliche Fundierung, sondern einfach zum Ausprobieren.

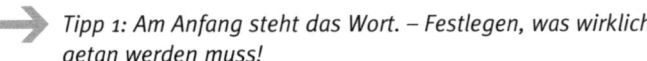 *Tipp 1: Am Anfang steht das Wort. – Festlegen, was wirklich getan werden muss!*

Bevor man sich an die Aufgabe heranmacht, sollte man sich, im Sinne des Controllings, erneut fragen, ob Dringlichkeit und Wichtigkeit für sofortige Bearbeitung sprechen. Es klingt seltsam, noch einmal auf diesen Punkt hinzuweisen, Motivationsmangel ist aber häufig auch durch das innere Gefühl der Sinnlosigkeit einer Aufgabe bedingt. Deshalb bedenken Sie zu Beginn stets die Ausgangsfrage; wenn Sie diese bejahen, dann entscheiden Sie sich bewusst und eindeutig für die Aufgabe – und tun Sie sie!

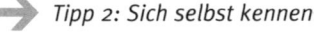 *Tipp 2: Sich selbst kennen heißt gut arbeiten können!*

Fragen Sie sich ehrlich, was Sie persönlich motiviert – und nutzen Sie dieses Wissen zur Erledigung der Aufgabe. Wenn Sie genau wissen, was Sie motiviert, können Sie es vielleicht einrichten, die zu erledigenden Aufgaben danach zu gestalten. An einem Beispiel wird dieser Punkt deutlich: Sie müssen eine Diplomarbeit schreiben und wissen von sich, dass Sie ein Teamspieler sind. Dann können Sie Ihre Motivation für diese Arbeit steigern, indem Sie mit jemandem zusammen Ihre Diplomarbeit schreiben, was heute in vielen Fachbereichen möglich ist.

Es geht also darum, dass Sie versuchen sollen, sich Ihre Aufgaben selbst zu gestalten, anstatt sich fremden Diktaten zu unterwerfen. Motivieren Sie sich bei Ihrer Arbeit, indem Sie das Wissen über sich selbst zur Selbststeuerung nutzen.

 Tipp 3: Denken Sie positiv – aber nicht zu sehr!

Positiv denken und handeln ist sicherlich eine gute und vernünftige Möglichkeit, Aufgaben zu meistern. Ständige schlechte Laune, Angstgefühle, womöglich gar ein penetrantes »Ich kann mich nicht konzentrieren« oder ein »Das schaffe ich nie«, führen dazu, dass Sie sich in eine Negativspirale begeben, aus der Sie nur schwer herauskommen.

Sollten Sie Ihre Gedanken, Angstgefühle, Unsicherheiten nicht erfolgreich abmildern können, schreiben Sie sie auf und zerreißen Sie sie dann. Das ist ein befreiendes Ritual. Noch besser ist es, sich ständig zu sagen, dass Sie die Aufgabe, wenn auch mit Mühen und Anstrengungen, lösen können; erfolgs- und zielorientiertes Denken führt dazu, dass Sie mit mehr Energie und Kreativität an die Aufgabe herangehen.

Reden Sie sich nicht ein, dass Sie die Aufgabe ganz schnell erledigen können und dass sie ein Kinderspiel ist. Bei aller positiven Verstärkung dürfen Sie nicht die Augen vor den Hürden und notwendigen Leistungen einer Arbeit verschließen.

 Tipp 4: Motivieren Sie sich durch Selbstbelohnung!

Motivationsmangel ist des Öfteren auch auf unsere Einstellung Aufgaben und Arbeiten gegenüber zurückzuführen; in ihnen keinen Sinn, keinen Nutzen und keinen Output zu entdecken zeugt davon, dass wir an ihnen nicht mit Freude arbeiten.

Sich selbst nach der Erledigung von Arbeiten zu belohnen dient dazu, auch unliebsame Aufgaben mit Freude anzugehen, nämlich in der Vorfreude auf die spätere Belohnung.

Zwei Punkte sind bei dieser Methode wichtig:

- Zum einen kommt es darauf an, dass man die Selbstbelohnung nicht schon vor der Zielerreichung durchführt; der Motivationseffekt löste sich in Luft auf.
- Zum anderen gilt es, diese Selbstbelohnung auch so zu wählen, dass sie motivierend und umsetzbar ist. Nur wer sich auf die Belohnung freut, arbeitet diszipliniert.

 Tipp 5: Feiern Sie sich!

Motivation hängt entscheidend von erfahrener Anerkennung ab. Häufig ist man kaum motiviert, wenn man nicht Würdigung durch andere erfährt. Zwar ist nicht zu erwarten, dass sich für jede erledigte Aufgabe jemand findet, der uns für diese Leistung Applaus spendet. Wenn dies andere aber nicht immer tun können, sollten Sie es selbst tun. Zur Eigenmotivation hilft nichts besser, als selbst seine eigenen Leistungen anzuerkennen und sich selbst zu schätzen.

Feiern Sie sich, loben Sie sich, seien Sie mit Ihrer Leistung zufrieden; nur Sie wissen, wie viel Kraft und Energie Sie in die Erledigung der Aufgabe gesteckt haben. Genießen Sie es, eine Hürde genommen zu haben. Wenn Sie Aufgaben positiv erledigen und Glücksgefühle mit ihnen verbinden, werden Sie bei der nächsten Aufgabe bereits mit mehr Energie und Freude an den Start gehen.

Dazu kann beispielsweise auch die Verstärkung des eigenen Selbstbewusstseins mittels Musik gehören. Suchen Sie sich eine Musik aus, die für Sie positiv besetzt ist und die Sie positiv stimmt und stimuliert. In schwierigen Situationen können Sie immer an diese »persönliche Hymne« denken. Sie wird Ihnen helfen.

 Tipp 6: Manchmal geht halt nichts!

Es gibt Tage und Situationen, in denen alle Motivation, aller Ehrgeiz, aller guter Wille nicht helfen. Motivationstipps helfen nicht, Anregungen werden nicht mehr verarbeitet und aufgenommen, kurz: Es geht nichts mehr.

Solche Tage gibt es, man sollte sie schlichtweg hinnehmen! Bevor Sie nun stundenlang dasitzen, sich quälen und nichts zu Wege bringen, sollten Sie einfach aufhören und andere Dinge tun. Erlauben Sie sich eine positive Erholung, ohne jegliches schlechte Gewissen. Finden Sie sich damit ab, dass es einfach Tage gibt, an denen man sich zu nichts aufraffen kann und an denen nichts gelingen will. An solchen Tagen hilft kein Lamentieren; machen Sie das Beste daraus, erholen Sie sich, gehen Sie anderen Gedanken nach.

7.2 ONLINE-KATALOGE VON BIBLIOTHEKEN

Bei der folgenden Auflistung handelt es sich lediglich um eine exemplarische Liste, die durch Zeitablauf u.a. zahlreichen Veränderungen unterworfen ist. Alle Angaben erfolgen deshalb unter Vorbehalt.

Adressen deutscher Bibliotheken
URL: http://dbix01.dbi-berlin.de:8163/wais-db/query-dba.html

Bayerisches Bibliotheksnetzwerk/Bavarian Library Network
URL: http://www.bib-bvb.de/

Bibliotheken, Bücher und Berichte. Verzeichnis der deutschsprachigen abfragbaren Kataloge u. Institutionen
URL: http://www.laum.uni-hannover.de/iln/bibliotheken/

Bibliothekskataloge nach Fachgebieten
URL: http://www.laum.uni-hannover.de/iln/bibliotheken/fachbibliotheken. html

Bitburg American High School
URL: http://tmn.com:8001/~bpainter/

BVB – Bayerischer Verbund
URL: http://www-bib-bvb.de/

BVBB – Bibliotheksverbund Berlin-Brandenburg
URL: http://www.dbi-berlin.de/de/ibas/bvbb/bvbb_oo.htm

Christian Albrechts Universität Kiel
URL: http://www.uni-kiel.de:8080/ub/

DBI – Deutsches Bibliotheksinstitut Berlin
URL: http://www.dbi-berlin.de/

Deutsche Bibliotheken online (HBZ)
URL: http://www.hbz-nrw.de/hbz/germlst.html

Deutsche Nationalbibliothek/German National Library
URL: http://www.ddb.de

Deutsche Zentralbibliothek Medizin
URL: http://www.uni-koeln.de/zentral/zbib-med/

Deutsches Bibliotheksinstitut/German Library Institute
URL: http://www.dbi-berlin.de/

Fachhochschule Aachen
URL: http://www.bibliothek.fh-aachen.de/

Fachhochschule Bonn-Rhein-Sieg
URL: http://www.bib.fh-rhein-sieg.de/

Fachhochschule Düsseldorf
URL: http://www.bibl.fh-duesseldorf.de/Html/Daten.html

Fachhochschule Jena
URL: http://www.sw.fh-jena.de/bibo/bib-home.html

Fachhochschule Köln
URL: http://www.bibl.fh-koeln.de/

Fachhochschule Nürnberg
URL: http://www.fh-nuernberg.de/bibliothek/

Free University of Berlin – John F. Kennedy Institute for North American studies
URL: http://userpage.fu-berlin.de/~jfki/Institut/bibl.html

Freie Universität Berlin
URL: http://www.ub.fu-berlin.de/

GBV – Gemeinsamer Bibliotheksverbund (Bremen, Hamburg, Mecklenburg-Vorpommern, Niedersachsen, Sachsen-Anhalt, Schleswig-Holstein, Thüringen)
URL: http://www.brzn.de

GEIST – German Encyclopedic Internet Service Terminal
URL: http://www.geist.de

HBZ – Nordrhein-Westfälischer Verbund
URL: http://www.hbz-nrw.de

HEBIS – Hessischer Verbund
URL: http://www.hebis.de/hebis

Johann Wolfgang Goethe Universität Frankfurt
URL: http://www.rz.uni-frankfurt.de/senckenberg/senckenhome.html

Karlsruher virtueller Katalog
URL: http://www.ubka.uni-karlsruhe.de/kvk.html

Katholische Universität Eichstätt
URL: http://www.ub.ku-eichstaett.de/

RWTH Aachen
URL: http://www.bth.rwth-aachen.de/

SISIS-Gesamtkatalog des BVB
URL: http://www-sisis.bib-bvb.de/SISIS.html

Stadtbücherei Köln (Cologne)
URL: http://www.stbib-koeln.de/

SWB – Südwest-Verbund Konstanz
URL: http://www.swbv.uni-konstanz.de

TH Darmstadt
URL: http://www.th-darmstadt.de/ze/bib/

TU Braunschweig
URL: http://www.tu-bs.de/ub-tubs/biblio.html

TU Clausthal
URL: http://www.ub.tu-clausthal.de/

TU München
URL: http://www.biblio.tu-muenchen.de

ULB Münster: Verzeichnis von Bibliotheken
URL: http://www.uni-muenster.de/ULB/html/biblwelt.html

Universität Augsburg
URL: http://www.bibliothek.uni-augsburg.de/

Universität Bamberg
URL: http://www.uni-bamberg.de/~baboo4/home.html

Universität Bayreuth
URL: http://www.ub-uni-bayreuth.de/

Universität Bielefeld
URL: http://www.ub.uni-bielefeld.de/

Universität Bochum
URL: http://www.ub.ruhr-uni-bochum.de/

Universität Dortmund
URL: http://www.ub.uni-dortmund.de/

Universität Essen
URL: http://www.bibl.uni-essen.de/

Universität Freiburg
URL: http://www.ub.uni-freiburg.de/

Universität Gießen
URL: http://www.uni-giessen.de/ub/

Universität Greifswald
URL: http://www.rz.uni-greifswald.de/zentreinr/ub/

Universität Hamburg
URL: http://www.uni-hamburg.de/~biblio/biblio-homepage.html

Universität Hannover
URL: http://www.tib.uni-hannover.de

Universität Heidelberg
URL: http://www.ub.uni-heidelberg.de/

Universität Hohenheim
URL: http://www.uni-hohenheim.de/~ubmosaic/

Universität Kaiserslautern
URL: http://www.uni-kl.de/Bibliothek/

Universität Karlsruhe
URL: http://www.ubka.uni-karlsruhe.de/

Universität Konstanz
URL: http://www.uni-konstanz.de/ZE/Bib/

Universität Leipzig
URL: http://opac.ub.uni-leipzig.de/

Universität Lüneburg
URL: http://www.uni-lueneburg.de/einricht/bib/

Universität Mainz
URL: http://www.ub.uni-mainz.de/

Universität Oldenburg
URL: http://www.bis.uni-oldenburg.de/

Universität Osnabrück
URL: http://www.ub.uni-osnabrueck.de/

Universität Passau
URL: http://www.ub.uni-passau.de/

Universität Potsdam
URL: http://info.ub.uni-potsdam.de/

Universität Regensburg
URL: http://www.uni-regensburg.de/Einrichtungen/Bibliothek/

Universität Siegen
URL: http://www1.ub.uni-siegen.de/intro.htm

Universität Trier
URL: http://www.ub.uni-trier.de:8080/bib/bib.htm

Universität Wuppertal
URL: http://www.bib.uni-wuppertal.de/

Universitäts- und Landesbibliothek Bonn
URL: http://ibm.rhrz.uni-bonn.de/ulb/wwwo.html

Universitäts- und Landesbibliothek Bremen
URL: http://www.uni-bremen.de/~wwwsuub/

Universitäts- und Landesbibliothek Düsseldorf
URL: http://www.uni-duesseldorf.de/WWW/ulb/

Universitäts- und Landesbibliothek Göttingen
URL: http://www.gwdg.de/~sub/

Universitäts- und Landesbibliothek Hamburg
URL: http://www.sub.uni-hamburg.de/

Universitäts- und Landesbibliothek Münster
URL: http://www.uni-muenster.de/ULB/

Verbundkatalog der nordrhein-westfälischen Bibliotheken
URL: http://www.hbz-nrw.de/hbz/online.html

VLB – Verzeichnis lieferbarer Bücher/German books in print
URL: http://www.buchhandel.de

WEBIS. Sammelschwerpunkte, Sondersammelgebietsbibliotheken, Zentrale Fachbibliotheken, Spezialbibliotheken in Deutschland
URL: http://webis.sub.uni-hamburg.de

WWW-Katalog SWB-Verbund
URL: http://www.swbv.uni-konstanz.de/wwwroot/s11000_d.html

ZD – Zeitschriftendienst (Auswertung von ca. 200 deutschsprachigen Zeitschriften aller Themenbereiche)
URL: http://dbix01.dbi-berlin.de:6100/DBI/login.html

Zentrale und Landesbibliothek Berlin/Central and State Library of Berlin
URL: http://www.kulturbox.de/berlin/zlb/

Adorno, T. W.: »Minima Moralia. Reflexionen aus dem beschädigten Leben«, Frankfurt am Main 1951.

Bambeck, J. J./Wolters, A.: »Brain Power«, München 1991.

Barthel, J.: »Wissenschaftliche Arbeiten schreiben in den Wirtschaftswissenschaften«, Berlin 1997.

Bartsch, E: »Die Bibliografie – Einführung in Benutzung, Herstellung, Geschichte«, 2. Auflage, München u.a. 1997.

Burchardt, M.: »Leichter studieren – Wegweiser für effektives wissenschaftliches Arbeiten«, 2., durchgesehene Auflage, Berlin 1996.

Corsten, H./Deppe, J.: »Arbeitstechniken für Wirtschaftswissenschaftler«, München/Wien 1996.

Eco, U.: »Wie man eine wissenschaftliche Abschlussarbeit schreibt«, 7., unveränderte Auflage der deutschen Ausgabe, übersetzt von W. Schick, Heidelberg 1998.

Engel, S./Woizik, A.: »Die Diplomarbeit«, Stuttgart 1997.

Gerhards, G.: »Seminar-, Diplom- und Doktorarbeit«, 8., durchgesehene Auflage, Bern/Stuttgart 1995.

Glückher, H.: »Das Referat – Ein Leitfaden für Studierende«, Freiburg 1995.

Grund, U./Heinen, A.: »Wie benutze ich eine Bibliothek«, 2., überarbeitete Auflage, Stuttgart 1996.

Habermas, J.: »Theorie des kommunikativen Handelns«, 2 Bände, 4., durchgesehene Auflage, Frankfurt am Main 1987.

Halfmann, M./Matzel, M.: »Strategien zur Suche von Themen für wissenschaftliches Arbeiten«, in: WiSt 24 (1995), S. 654–656.

Hansen, K.: »Selbst- und Zeitmanagement im Wirtschaftsstudium. Effektiv planen, effizient arbeiten, Stress bewältigen«, Berlin 2000.

SERVICETEIL

Hirte, H.: Der Zugang zu Rechtsquellen und Rechtsliteratur, Köln u.a., 1991.

Höhnke, O./Ramme-Wichmann, A.: »Bewegung und Entspannung am Arbeitsplatz«, München 1990.

Jacob, R.: »Wissenschaftliches Arbeiten – eine praxisorientierte Einführung für Studierende der Sozial- und Wirtschaftswissenschaften«, Opladen/ Wiesbaden 1997.

Kalmring, D.: »Internet für Wirtschaftswissenschaftler«, 2. Auflage, Lohmar 1996.

Keller, G.: »Studiertechniken – Lern- und Arbeitstechniken für Studierende«, 3. Auflage, Bad Honnef 1986.

Mette, G./Schöppl, E.: »Wie finde ich Literatur zu den Wirtschaftswissenschaften«, Berlin 1995.

Oppermann, T./Beise, M.: »Die neue Welthandelsorganisation – ein stabiles Regelwerk für weltweiten Freihandel?«, in: Europa-Archiv, Folge 7/1994, S. 195–202.

Peterßen, W. H.: »Wissenschaftliche(s) Arbeiten. Eine Einführung für Schüler und Studenten«, 5. Auflage, München 1996.

Theisen, M. R.: »Wissenschaftliches Arbeiten. Technik – Methodik – Form«, 9., aktualisierte und ergänzte Auflage, München 1998.

von Wilpert, G.: »Sachwörterbuch der Literatur«, 7., verbesserte und erweiterte Auflage, Stuttgart 1989.

Zielke, W.: »Handbuch der Lern-, Denk- und Arbeitstechniken«, München/Landsberg am Lech 1991.

SERVICETEIL

A

Abschluss-/Diplomarbeit 87f
Adressatenorientierung 93
Aktenordner 17
Anhang 116
Art der Fragestellungen 23ff
Aufgabenstellung 22f

B

Bibliografie 32ff
Bibliothek 13, 41
Bibliothekskataloge 37f, 125ff

D

Diagonales Lesen 48
Diplom-/Abschlussarbeit 87f

E

Einheitlichkeit 18
Einleitung 98
Entspannungsübungen 19
Ergonomie 11
Ernährung 19
Exkurs 115
Exzerpieren 56

F

Fernleihbestellung 41f
Formalkatalog 37
Fußnote 107ff

G

Gliederung 94ff
Glossar 116

H

Hängeregistratur 17
Hauptteil 85, 99
Hausarbeit 84

I

Intensives Lesen 50
Internetsuche 39f

K

Karteikarten 58f
Klausur 86
Klima 16
Kontrolle 9
Korrektur 101
Kreatives Schreiben 92f
Kurzbeleg 109f

L

Lehrveranstaltungen 59ff
Leistungsphasen 19, 74
Leitfrage 22
Lesetechniken 48ff
Licht 16
Literaturverzeichnis 113f

M

Motivation 60, 122ff

N

Normierung 8
Notizen 53f

O

OPAC 38f
Ordnungstechniken 57f

P

Pausen 19
Planung 8, 72ff

S

Sachwortkatalog 38
Schlussteil 99

Schreibtisch 12ff
Schriftgröße 117f
Schrifttyp 117f
Standardisierung 8
Stil 93, 100f
Systematischer Katalog 38

T

Textaufbau 44, 93, 119
Textbearbeitung 51ff
Textperspektive 102
Themenart 23ff
Themenwahl 8, 21ff
Thesenpapier 82f
Transparenz 18

U

Umgang mit Büchern 13
Umsetzung 9
Unterbrechungen 73f

V

Verhaltenscodex 9f, 13
Vollbeleg 108
Vorbereitung 9

W

Wirtschaftsinstitute 36
Wissenschaftlicher Anspruch 7ff

Z

Zeitanalyse 69f
Zeitdiebe 68ff
Zeitlimits 75
Zeitmanagement 65, 69ff
Zeitschriften 35
Zitat, direktes 108, 112
Zitat, indirektes 104, 109f
Zitiertechnik: Kurzbeleg 109f
Zitiertechnik: Vollbeleg 108
Zusatzanforderungen 25

SERVICETEIL

Cornelsen Studien-Manuals Wirtschaft
herausgegeben von Prof. Werner Pepels, Gelsenkirchen

12 kompakte Bände zu Methoden- und Sozialkompetenzen, die das Studium optimieren und später im Beruf erwartet werden.

Werner Pepels
Studieneinführung Wirtschaft
Orientierung: Inhalte und Studienbetrieb
ISBN 3-464-49801-8

Hedwig Kellner
Vom Wirtschaftsstudium in die Praxis
Optimale Karriereplanung, ideenreiche Stellensuche
ISBN 3-464-49823-9

Katrin Hansen
Selbst- und Zeitmanagement im Wirtschaftsstudium
Effektiv planen, effizient arbeiten, Stress bewältigen
ISBN 3-464-49809-3

Ulrich Paetzel
Wissenschaftliches Arbeiten
Überblick über Arbeitstechnik und Studienmethodik
ISBN 3-464-49803-4

Thomas Stelzer-Rothe
Vortragen und Präsentieren im Wirtschaftsstudium
Professionell auftreten in Seminar und Praxis
ISBN 3-464-49811-5

Christian-Rainer Weisbach
Verhandeln und Moderieren für Wirtschaftsstudierende
Logisch argumentieren, psycho-logisch verhandeln
ISBN 3-464-49821-2

Thomas Jaspersen
Internetgebrauch im Wirtschaftsstudium
Effizient organisieren, sich systematisch informieren, selbst präsentieren
ISBN 3-464-49805-0

Manfred Kiesel/Roland Ulsamer
Interkulturelle Kompetenz für Wirtschaftsstudierende
Fakten, Charakteristika, Wege zum Erwerb
ISBN 3-464-49817-4

Gabriele Birker/Klaus Birker
Teamentwicklung und Konfliktmanagement
Effizienzsteigerung durch Kooperation
ISBN 3-464-49819-0

Ralf Mertens
Denk- und Lernmethoden im Studium
Vernetzte Probleme strategisch lösen
ISBN 3-464-49813-1

Georg Felser
Motivationsmethoden für Wirtschaftsstudierende
Sich selbst und andere motivieren
ISBN 3-464-49815-8

Torsten Czenskowsky/Bernd Rethmeier/Norbert Zdrowomyslaw
Praxissemester und Praktika im Studium
Qualifikation durch Berufserfahrung
ISBN 3-464-49807-7

Die Bände der Reihe erscheinen bis 2001 und sind im Buchhandel erhältlich.

Cornelsen Studien-Bausteine Wirtschaft

Bücher dieser Serie unterstützen Ihren guten Studienerfolg.
Knapp und prägnant, gut gegliedert, optisch übersichtlich und mit einer zweiten Druckfarbe aufbereitet, finden Sie das Wichtigste zum jeweiligen Thema.

Klaus Birker
Einführung in die Betriebswirtschaftslehre
Grundbegriffe, Denkweisen,
Fachgebiete
224 Seiten. Zweifarbig. Kartoniert
24,90 DM/182,– öS/22,50 sFr/12,73
ISBN 3-464-49501-9

Harald Danne/Tilo Keil
Wirtschaftsprivatrecht I
Bürgerliches Recht, Handelsrecht
240 Seiten. Zweifarbig. Kartoniert
24,90 DM/182,– öS/22,50 sFr/12,73
ISBN 3-464-49505-1

Harald Danne/Tilo Keil
Wirtschaftsprivatrecht II
Arbeitsrecht, Gesellschaftsrecht,
Wettbewerbsrecht
192 Seiten. Zweifarbig. Kartoniert
24,90 DM/182,– öS/22,50 sFr/12,73 e
ISBN 3-464-49507-8

Burkhard Erke
Grundlagen der modernen Makroökonomik
Die Bestimmungsgründe für gesamt-
wirtschaftliche Größen
ca. 184 Seiten. Zweifarbig. Kartoniert
24,90 DM/182,– öS/22,50 sFr/12,73 e
ISBN 3-464-49521-3

Ralf Berning
Grundlagen der Produktion
Produktionsplanung und Beschaffungs-
management
192 Seiten. Zweifarbig. Kartoniert
24,90 DM/182,– öS/22,50 sFr/12,73
ISBN 3-464-49513-2

Günter Lohse
Allgemeine Steuerlehre, Steuern auf Umsatz und Gewerbeertrag
184 Seiten. Zweifarbig. Kartoniert
24,90 DM/182,– öS/22,50 sFr/12,73 e
ISBN 3-464-49517-5

Günter Lohse
Steuern auf Einkommen und Erbschaft
184 Seiten. Zweifarbig. Kartoniert
24,90 DM/182,– öS/22,50 sFr/12,73 e
ISBN 3-464-49519-1

Erhältlich im Buchhandel.
Infos zur Reihe »studium kompakt«:
Cornelsen Verlag • 14328 Berlin
www.cornelsen.de